市川紗椰

鉄道について話した。

名鉄沿線の
紅葉
改札口

よびつぎ
よびつぎ

よびつぎ
よびつぎ

1 /32

都電荒川線

P023

線路脇に咲くバラでおなじみの都電荒川線。
なぜか「東京さくらトラム」の愛称がついてます。

2 /32

路面電車

P026

真っピンク、真四角にライトアップされた松山の路面電車。ちょっとアダルトなネオン感が魅力的。

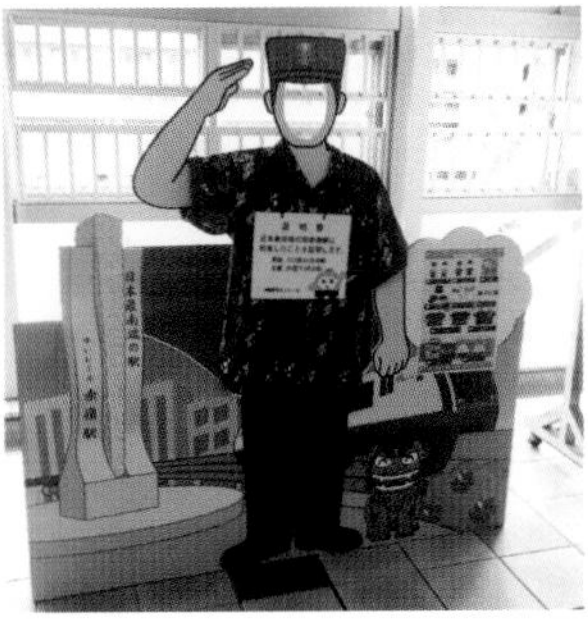

3 /32

ゆいレール

P030

ゆいレールのホームに設置されている、かりゆしウェアの駅員さんの顔ハメパネル。ゆいレールには沖縄らしい要素が満載。

4 /32

相模鉄道

P033

相鉄線横浜駅1階の改札口。23台もの改札機がひと続きで並ぶのは関東一。

5 ／32

津山線

P036

念願だった津山線の旅。大量の亀に出会いました。

名古屋鉄道

P039

やっぱり大好き、名鉄！ 2019 年末に引退した 5300 系をはじめ、とにかく名古屋らしい濃さがツボ。

6 ／32

7 ／32

芝山鉄道

P042

日本一短い鉄道、芝山鉄道の終点の芝山千代田駅。

8 ／32

三陸鉄道リアス線

P048

東日本大震災から 8 年後、三陸鉄道リアス線が誕生しました。

9／32

西鉄

P054

天神駅で、左右非対称な顔が魅力な西鉄6050形と。時刻表のほかに、ポケットサイズのダイヤグラムが駅でもらえるのも西鉄ならでは。

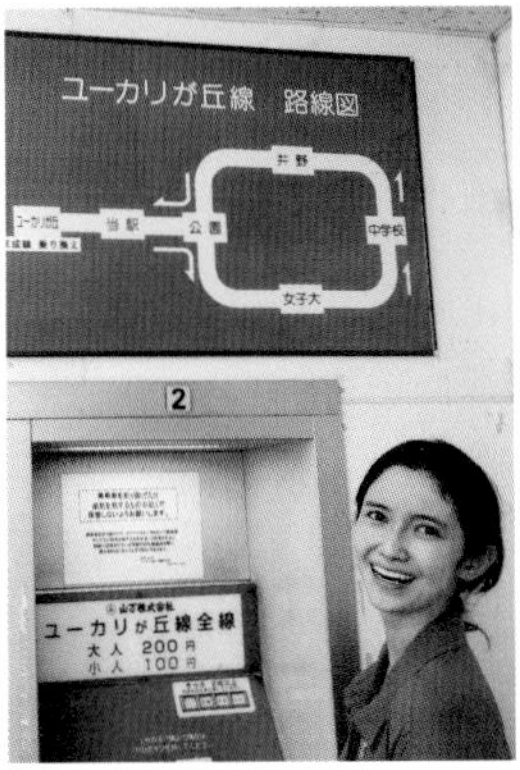

山万ユーカリが丘線

P057

10／32

駅名が日本一わかりやすいのか、日本一トリッキーなのかわからない、山万ユーカリが丘線。

11／32

107系電車

P061

引退とともに「サンドイッチ列車」の愛称を知った、１０７系電車。

12／32

京都の鉄道スポット

P064

嵯峨野《さがの》観光鉄道のトロッコ嵯峨駅に隣接された施設、ジオラマ京都JAPANに展示されているジオラマです。よく見たら、どこかに市川がいます。

13/32

国鉄 EF81 形電気機関車 300 番台

P067

〝銀釜〟と呼ばれる、国鉄時代に造られた貨物列車「EF81 形 300 番台」です。

14/32

南新宿駅

P070

南新宿駅の近くにある新宿２号踏切で見つけた、珍しい「SL マーク」の警戒標識。東京の新名所間違いなし。

15/32

鉄道車両の再利用

P073

タイのホアヒン駅前にある、日本の「キハ 28・58 系」を改装した図書館。タイの線路の幅は 1 m しかないので、台車部分は改造されてました。

16/32

特急ラビュー

P079

昔の宇宙服みたいな顔の西武鉄道の特急車両「ラビュー」。

日本のモノレール

P082

日本で一番エキサイティングな公共交通機関、湘南モノレール。

17/32

コロッケトレイン

18/32

P089

2016年の9月から翌年の2月まで運行された、竜ヶ崎《りゅうがさき》線の「コロッケトレイン」。吊り革の上の部分に注目です。

19/32

春のダイヤ改正（2017年）

P092

大阪環状線の玉造《たまつくり》駅にある「巨大103系」。電車の車両を模した商業施設です。

20/32

駅そば

P095

上野駅7・8番ホームにある「爽亭《そうてい》」のコロッケそば・春菊天のせ。駅そばの世界、深いです。

21／32

スタンプラリー（ガンダム篇）

P099

JR東日本が2018年1月から2月にかけて行なった「ガンダムスタンプラリー」。意地になってコンプリートしました。

スタンプラリー（115系篇）

P103

22／32

2018年3月に首都圏での定期運行を終えた、115系の湘南色です。私の衣装もなんとなく、湘南色。

23／32

高輪《たかなわ》ゲートウェイ駅

P106

「高輪ゲートウェイ」と命名される前、市川は駅名を妄想しました。

24／32

京浜急行の駅名

P110

2020年3月に名前が変わる、京浜急行・大師線の産業道路駅。斜めの「京急文字」で書かれた駅名標も絶滅寸前。

25/32

車内販売

P116

東北、上越の各新幹線や一部の特急で販売されている「ほや酔明《すいめい》」です。縮小傾向の車内販売は利用して支えます！

鉄道の音

P122

26/32

吊り掛けモーターでおなじみの阪堺161形。上品な見た目と地の底からうなるような爆音のギャップがたまりません。

27/32

東京の鉄道遺産

P128

駅ビルの前身ともいえる、三ノ輪の旧王電ビルのアーチ。東京は鉄道遺産で溢れています。

28/32

ヴッパタール空中鉄道

P132

現役で世界最古のモノレール「ヴッパタール空中鉄道」の車両をモチーフにしたストリートアートと空元気の一枚。

フランス国鉄

P135

29/32

パリの「ガール・デュ・ノール」駅にて、
フランス国鉄の車両群をバックに。

シドニーモノレール

P138

30/32

2013年に廃止となったシドニーモノレールの名残を見た日の夜、オペラハウス前でテンションを上げてみる。

31/32

ドイツの蒸気機関車

P141

鉄道大国ドイツの特急列車と。ドイツには古い蒸気機関車も現役でたくさん走っています。

32/32

世界の鉄道マニア

P144

ニューヨーク市地下鉄R系統のある駅にて。アメリカの鉄道マニアの蔑称《べっしょう》「Foamer」と「American」をかけた「FOAMerican railfans united」Tシャツを着る。

まえがき

こんにちは、市川紗椰です。この本は、『週刊プレイボーイ』で連載中の語り下ろしコラム「ライクの森」から、鉄道に関する原稿だけ抜粋し、加筆・修正してまとめたものです。巻末には、私が偏愛する路線について書き下ろしたパートも収録しています。

私は物心がついた頃から鉄道や車といった乗り物を見るのが好きでした。その点ではほかの子供と変わらないかもしれませんが、成長してもずっと鉄道が好きでいられた理由は、４歳のときにアメリカに引っ越したことが大きいと思います。

私が育ったアメリカの地域は完全な車社会で、鉄道といえば貨物か長距離列車が主でした。だからこそ、毎年日本に遊びに行ったときに見る通勤型電車は、子供の頃と同じようにキラキラして見えました。アメリカでは大人の付き添いなしではどこにも行けないため、私にとって鉄道は「あれに乗ればどこかに行ける」という自由の象徴でもありました。

そして再び日本に住むようになり、高校に進学すると、毎日のように電車に乗る生活が始まりました。私が通っていたインターナショナルスクールは、西武多摩川線の多磨駅が最寄りでした。この多摩川線はもともと貨物線として開業した路線で、終点がどこにもつながっていない、いわゆる〝盲腸線〟です。

東京とは思えないくらいのんびりした路線で、ＪＲとの乗り換え駅である始点の武蔵境《むさしさかい》駅以外は、２０００年代に入ってもしばらくは自動改札が設置されていませんでした。乗客もインターの生徒かボートレース場に通うおじさんばかり。車内での飲食率が非常に高く、日本の常識が揺らいでいるような空間でした。

そんな味のある電車を降りると、いきなり大都会・東京の喧騒《けんそう》に放り出されるというワープ感も面白かったです。スクールバスで通う生徒が多いなか、私はかたくなにこの電車で通学していました。日常的に電車に乗る楽しみを教えてくれた路線です。

それ以来、国内外問わずいろんな路線に乗ってきました。惹《ひ》かれてやまない理由のひとつが、「電車は日常で出会える一番大きいメカだから」。普段は意識することがないかもしれませんが、あんなに巨大なメカを間近で見られるのは鉄道車両ぐらいしかないので、見るたびに機械好きな私の目が輝きます。

また、一見同じように見える車両の違いを見つけるのも楽しみです。各車両の細かい違いのすべてに、歴史的な経緯や地理的条件が隠されていています。また、デザインや音の違い、看板の渋い文字などを見つけるだけで日常の移動が楽しくなるんです。鉄道は幸せのハードルを低くしてくれるので、私の日常の中の小さな「好き」を見つける能力は、誰にも負けないんじゃないかと思っています。

鉄道には〝不自由な制限〟がありますが、特に鉄道の旅ではそれが魅力のひとつ。時刻表を攻略する達成感や、乗り換えの待ち時間で立ち寄った街での思わぬ出会い。なんてことのない街での、なんてことのない日常風景に触れさせてくれる鉄道は、私の人生を豊かにしてくれます。

この本は、そんな些細《ささい》な発見、鉄道にまつわる「あーだこうだ」がたくさん綴《つづ》られています。私のひとりごとに耳を傾けているような感覚で、過度な期待をせずに読んでいただけたら幸いです。

目次

路線篇

路線篇

1/32

都電荒川線

現在、東京都が運営する唯一の路面電車である「都電荒川線」。都心の北側をぐるっと半円を描いて走る全長12・２㎞の路線です。市街地を縫うように走る区間はもちろん、バスやトラックと並んで小さな車両が大通りを走る姿は、どこか愛《いと》おしいです。

そんな都電に、２０１７年になって愛称がつけられました。その名も「東京さくらトラム」。外国人にも親しんでもらえるようにつけた名前だと思うんですが……。私はいまだにこのネーミングに納得がいっていません。確かに、都電沿線には桜の名所がいくつかありますが、季節によってはほかの花も楽しめるからです。

例えば、６月に見頃を迎えるアジサイ。都電の「飛鳥山《あすかやま》」または「王子駅前」から徒歩数分の「飛鳥の小径《こみち》」には、１３００株のアジサイが植えられています。この辺りは、５月にはツツジが咲き誇る地域でもあります。

そして、都電といえばバラ。沿線の東側は、バラの名所として知られているんです。この地域のバラは、荒川区と「荒川バラの会」というボランティアグループの方々が育てているもので、その数、なんと１万３０００株。品種も１４０種に及び、春と秋には色とりどりのバラが沿線を埋め尽くします。私の中で都電の花といえば、この「バラの会」のおばさま方が丁寧に植栽したバラのイメージが強いです。

そんな都電沿線のバラを母と楽しむため、母の日に一緒に都電に乗ったことがあります。「荒川遊園地前」や、「町屋駅前」の近辺は絶好の鑑賞スポットで、撮り鉄の人たちや、日曜画家のおじいちゃん、おばあちゃんもたくさんいました。私は、町屋の都電と京成本線が交差するスポットで、ふたつの車両が行き交う様子をスマホで撮ったりしていたんですが、母も自前の一眼レフでバラを中心に撮影していました。

私の母は写真が趣味で、よくいろんな所に出かけては一眼レフで高解像度の写真を撮っているようです。ただ、最近のスマホってすごくキレイに撮れますよね。私が自分の携帯で撮った写真を見せると、「スマホは簡単にキレイに撮れるようになってるからねっ」と、悔し紛れに言っていました（笑）。

さて、都電も王子駅前まで来ると、バラが見られなくなります。その代わり、民家のすぐそばを走っていたそれまでの車窓の眺めから一転、大きく開けた風景が目に飛び込んできます。特に、王子から飛鳥山に向かうときの坂道が私はとても好きです。この坂は、路面電車の基準ギリギリの急勾配になっているので、都電に乗車していると「こんな坂を走るの!?」といつもドキドキさせられます。坂を上りきってから左側に現れる、日本一短いモノレール「アスカルゴ」が行き来しているのを眺めるのもオススメです。

ちなみに、町屋駅前や王子駅前のように、路面電車には「○○駅前」という名前の停留場がけっこうありますよね。実はこれ、昔からずっと気になっているんです。路面電車の停留場だって、立派なランドマークというか、事実上「駅」じゃないですか？　なのに、ほかの私鉄やＪＲの駅の付属物であるかのような「○○駅前」という名前をつけるなんて……。全国の路面電車には、もっとしっかりしてほしいです。

ところで、都電はその先にも「面影橋」など味のある停留場があります。でも、母と私はいくつかの駅で降りてたっぷり写真を撮ったので、途中の「大塚駅前」で降車してうなぎの串焼きを食べてから、結局ＪＲで帰宅しました。

路線篇

2/32

路面電車

幼い頃から、路面電車が走る街に憧れを持っています。路面電車にはのんびり走る牧歌的な空気感とともに、街中をすいすい駆け抜けるスマートさがあり、街や人との距離感が近いのもたまらなく好きです。

国内の路面電車でお気に入りのひとつが、愛媛県の伊予《いよ》鉄道が運営する「松山市内線」。この路線にはＳＬ風の外観を再現した「坊っちゃん列車」が走っていることで有名ですね。伊予鉄は観光に力を入れており、市内で行なわれるイルミネーションイベントに合わせて車体をライトアップしています。ただ、そのライトが真っピンク一色で、なんだかアダルトな雰囲気なんです。イルミネーションというより、ネオンという感じ？

さらに、「ダイヤモンドクロス」という〝鉄分高め〟な要素もあります。ダイヤモンドクロスとは、鉄道のレールがクロスしている特殊なポイントのことを指すんですが、古町《こまち》駅にあるそれは普通の電車と路面電車がクロスしているとっても珍しいものなんです。もし同時に車両が来たら、路面電車のほうが停車して待つことになるのですが、歩行者のように行儀正しく電車待ちしている姿は、とてもかわいいです。

同じ四国だと、高知のとさでん交通の路面電車も。現存する最古の路面電車で、日本最長の路線距離を誇っていますが、オススメは車体正面の行き先表示。終点である後免町行きの車両は「ごめん」と表示していて、謝りながら走ってくるような姿が、なんとも健気《けなげ》で愛らしいです。ちなみに、とさでんにもダイヤモンドクロスがあり、やはり普通の電車と同時になったら待つことになるので、〝日本一腰が低い電車〟だと思います。

もうひとつの注目の路面電車は、富山市の「富山港線」。この路線は、富山ライトレールという会社によって２００６年に生まれ変わった路線です。どう変わったのかというと、全車両が「ＬＲＴ（Ｌｉｇｈｔ Ｒａｉｌ Ｔｒａｎｓｉｔ）」と呼ばれる次世代型路面電車に置き換えられたんです。

このＬＲＴはすごく優れモノで、車体が小さくレールの敷設が簡単な上に、車両自体が安いので低コストで導入可能。しかも、低床設計なのでバリアフリーです。

ヨーロッパではＬＲＴが当たり前になっていて、私も旅行のときはよくお世話になります。日本では富山のほかにも、福井や熊本など全国でも普及し始めましたが、今の東京都心にこそＬＲＴが必要なのではないでしょうか。

かつて東京を走っていた路面電車はほとんど廃線になり、代わって地下鉄が網の目のように発達しましたが、短い距離のちょっとした移動には段差がないＬＲＴが手軽で効率的です。高齢化、環境保護、子育てしやすい環境。今の東京のニーズに応えられる上、ゆっくりしたペースと雰囲気が、高度成長期やバブルを経て落ち着いた東京に合っているように感じます。

さらに、東京では観光資源をどうやって生かすかが課題になっていますが、ＬＲＴは観光の足として便利です。ブダペスト（ハンガリー）やリスボン（ポルトガル）などでは、市街地のスポットをちょこちょこ回れるＬＲＴの路線自体が、観光名所になっています。

速度もゆっくりなので、景色を楽しみながら移動できます。豊鉄市内線では、おでんを味わいながら街中を走る屋台「おでんしゃ」が人気ですが、東京では〝ＹＫＴ（やきとり）〟ＬＲＴを走らせるのはいかがでしょうか。

などと力説しましたが、単純に、路面電車が東京中を走っていた時代が羨《うらや》ましいだけかもしれません。路面電車に戻すのは場所的にも費用的にも難しいですけど、「ＬＲＴならなんとか！」とならないか淡い期待を抱いています。

路線篇

3/32

ゆいレール

沖縄本島の中心地を走る「ゆいレール」。正式名称は「沖縄都市モノレール線」といって、沖縄県に存在する唯一の鉄道路線です。沖縄を旅行する際はレンタカーを借りる人が多いのか、意外と乗ったことがないという方も多いようですね。

しかし、私はこのゆいレールを観光の足として推します。国際通りや首里城といった観光地までのアクセスのよさや、海も市街地も一望できる眺めのよさは、何物にも代え難いからです。

そんなゆいレールは、沖縄県民にとって悲願の鉄道でした。もともと、沖縄には大正時代からいくつもの鉄道が運行されていたんですが、太平洋戦争で徹底的に破壊され、いったんはすべて消滅。本土復帰を果たした直後からモノレール計画が持ち上がったんですが、何度も頓挫《とんざ》した末、２００３年にやっと開業したのがゆいレールなんです。

〝鉄〟っぽい情報としては、このゆいレール、日本最西端と最南端の駅がどちらも路線内にあって、しかも隣り合った駅なんです。まず、那覇空港を降りてすぐの「那覇空港駅」が最西端、その次の「赤嶺駅」が最南端です。

ただし、この「日本一の……」がつく場所がいくつもあるのが鉄道あるある。例えば、長崎県の「たびら平戸口駅」は、「日本最西端の駅」というサブ駅名を名乗っています。これは、〝2本のレールの上を走る一般的な鉄道の駅としては最西端〟ということらしいんですが、ゆいレールには国土交通省鉄道局のお墨付きがあるので、そちらが正しいと思っていいんじゃないでしょうか。

そして、「ＱＲ乗車券」という国内ではまだ珍しい乗車券を導入しているのも特徴。見た目は普通の紙の切符なんですが、ＱＲコードが印刷されていて、これを改札機にかざして乗車するんです。改札機に入れないので、出るときはどうするのかというと、備えつけの回収箱に入れます。欧米の鉄道も、改札機が切符を回収しない場合がほとんどですけど、切符は各自で捨てる形になっています。なので、丁寧に回収箱があるのは細やかで「日本らしいな」と思いました。

一方、駅員さんたちが全員、沖縄っぽい服を着てるのもポイント。沖縄の伝統的な柄をアロハシャツ風に仕立てた「かりゆしウエア」が制服として採用されているんです。運転士さんも改札の係の人もみんなゆったりしたかりゆしウエアで業務をする姿は、一気に〝沖縄感〟を盛り上げてくれます。

駅のどこかに必ずシーサーの置物があることも沖縄ならではですね。これは観光客向けではなく、純粋に守り神として設置されているので、人目につくような所にはありません。天井の片隅などにひっそり置いてあるシーサーを見つけると、なんだか幸運が訪れるような気がします。

しかし、ひとつだけ「もったいない！」と思うことがあります。それがステンドグラス。ゆいレール沿線の駅には、沖縄の名所や文化を題材にしたステンドグラスが飾られているんですが……。その多くが、旅行パンフレットのラックなどで隠れてしまっているんです！このステンドグラス自体が素晴らしい観光資源なのに……。できればどの駅も、じっくり眺められるようにしてほしいですね。

路線篇

4/32

相模鉄道

数年前から私の中でキテるのが、「相鉄」こと、「相模鉄道」。横浜から海老名《えびな》までを走る「本線」と、二俣川から分かれて湘南台に行く「いずみ野線」の2路線を持つ関東の大手私鉄です。中学時代、横浜のサマースクールに通っていた私は、用もないのによく相鉄に乗っていました。このうち、相鉄本線は、横浜から海老名を結ぶ重要な路線ですね。

相鉄は現役車両の種類が多く、もともとはカラーリングのバリエーションも豊富なので、コレクター心をくすぐってくる会社です。さらに、車両には相鉄ならではの要素が多くて、そんな独特なこだわりが、私のような通勤型車両好きにはたまりません。ボタンで上がるパワーウインドウ、外側にむき出しになっているディスクブレーキ、直角カルダン駆動の採用、独自のブレーキ操作法など、相鉄の車両はまるで〝ガラパゴス的進化〟を遂げてきたようです。

そんな異色な相鉄の注目車両は、２０１８年２月にデビューした「相鉄２００００系電車」。色は９０００系に続く、風格たっぷりの〝ＹＯＫＯＨＡＭＡ　ＮＡＶＹＢＬＵＥ〟一色。２０１９年11月にＪＲ東日本との乗り入れが開始されるまで、相鉄はほかの鉄道会社との乗り入れがまったくありませんでしたが、この２００００系こそが東急電鉄との直通線専用に開発された車両です。相鉄・東急の乗り入れ開始予定は２０２２年度。海老名から乗り換えなしで渋谷や大宮まで行けてしまう日が来ると思うと、胸が熱くなりますね。クラスで〝ボッチ〟だった人が、急に〝陽キャラ〟になるような感覚です。

そんな相鉄線ですが、いくつか面白いスポットがあります。まず、相鉄線横浜駅の改札。ここには、なんと23台の改札機がひと続きで並んでいます。日本一、乗降者数が多いＪＲ新宿駅にも、こんなに長い改札機の列はありません。全国で一番長い改札機の列は、大阪・阪急電鉄梅田駅の24台で、惜しくも1台差で負けていますが、23台は関東1位です。

そして、さがみ野駅の近くにある芹沢《せりざわ》公園の地下には、なんと海軍の工場の跡が残っているんです。さすがに機械や兵器が放置されているわけではないんですが、巨大な地下工場がそっくりそのまま存在していると思うと、心がときめきます。ほかにも、瀬谷《せや》駅前の立派な直線道路に「海軍道路」という通称がついていて、何かと軍関係と縁があります。

そんなミリタリー感とは裏腹に、「ゆめが丘」「希望ヶ丘」という駅もあります。受験シーズンになると、「ゆめきぼ切符キャンペーン」として特別乗車券が販売されます。受験生でなくても、夢と希望を胸に抱いている方は、ぜひこの切符で相鉄にご乗車ください。

津山線

２０１８年の春、岡山県内を走る路線「津山線」に乗ってきました。前々からずっと乗りたかった路線なんですが、ちょうどそっち方面での仕事があったので、前日に「寝台特急サンライズ」に乗車し、朝６時半に岡山入りしました。

津山線では観光列車「ノスタルジー」も運行されているんですが、今回私が乗ったのはキハ１２０形３００番台という車両。ディーゼルエンジンを使用しており、ドアも折り戸式なので、かなりバスっぽい雰囲気でした。２両編成の小さい列車なんですが、朝から割と混んでいて、沿線の方々の生活の足になっていることがよくわかります。

このときの目的のひとつは「亀甲《かめのこう》駅」を見ること。当地にある亀の甲羅のような岩「亀甲岩」にちなんで、駅舎の屋根にも亀の頭をつけたという珍駅です。鉄道ファンの間では有名な駅ですが、実際に行くと写真では気づかなかったものも見つけました。なんと、その亀の頭の目の部分が、時計になっていたんです……！　周囲には亀の置物があちこちに置かれているし、駅舎の中では亀も飼われていました。といっても、透明なボックスの中に亀が入れられているだけでしたけど（笑）。

　そして、実は一番のお目当てだったのが、津山駅のすぐ近くにある「津山まなびの鉄道館」。ここには、17本もの列車を収めることのできる扇形機関車庫があるんです。扇の中心に立って、ずらっと並ぶ列車の顔を見るのが楽しみだったんですが……。なんと、私が行った日は臨時休業日。とても残念だったんですが、今でも現役で使われている車庫だけあって、付近を散策しているときにちゃんとここも記載された案内図を見つけたりと、有意義な時間になりました。

　さらに、津山駅前にも１９３５年製の蒸気機関車「C11-80号」が展示されていたりと、町自体がなかなか〝鉄分〟の高い場所でした。扇形機関車庫を見下ろせそうな〝鉄道ビュー〟のビジネスホテルも発見したので、今度来たときはぜひ泊まりたいと思います。

　さて、岡山訪問で私としては外せなかったのが、「久米《くめ》の里」という道の駅にあるＺ《ゼータ》ガンダム（！）。これ、高さ７ｍの巨大な模型なんですが、なんと一般の方がたったひとりで作ったそうなんです。

サンライズの公認を受けているのかはわかりませんが、「あなたは道の駅久米の里を基地として地球と地域を衛《まも》る……」うんぬんと書かれた旧久米町長の謝辞も飾ってあったりして、町も応援していることがわかります。こんなカッコいいものが近所の広場にあるなんて、津山の子供たちがうらやましいです。

さらにすごいのが、このガンダム、胸のコックピットの部分に〝搭乗〟できるんです。年に1回、「仙人まつり」という地元のお祭りの日に合わせて試乗会が行なわれるそうです。次はぜひ、試乗会に合わせて訪れたいです。

ほかにも、Ｂ級グルメとしてそこそこ有名な「津山ホルモンうどん」も食べることができました。鉄道とガンダムと亀とＢ級グルメ……。津山線の旅には、私の好きなものが詰まっていました。

名古屋鉄道

１９８７年、私は名鉄の豊田線沿いで生まれました。すぐに引っ越してしまったため、乗車回数が多い鉄道はほかにありますが、付き合いという点ではどこの鉄道会社よりも長いです。

そんな思い入れ深い名鉄は、「迷鉄」といわれることもあります。一番の理由は、名鉄名古屋駅。名鉄最大のターミナル駅で、一日約８００本の列車が行き来します。しかし、それだけ大きい駅にもかかわらず、構内の線路は上りと下りのたった２本だけ。ここから、岐阜方面や知《ち》立《りゅう》方面、中部国際空港（セントレア）方面など5方面に向けて電車が発着します。これだけでちょっと混乱しそうなんですが、すごいのはここからです。

たとえ方面が同じでも終点によって行き先が細かく分かれており、その数、なんと30種類。さらには普通・準急・急行・特急などの種別も存在するので、とんでもない種類の列車が２、３分おきに次々とやって来ることになります。

たった２本のホームに入ってくるこれらの列車に乗客はどう対応するかというと……列車ごとに乗る位置が決まっていて、足元の表示に従って行きたい場所ごとに違う位置に並ぶんです。慣れればなんてことはなくなってしまうんですが、普段この名鉄名古屋駅を使わない人からすると相当なカオスですよね。東京でも京急の品川駅が若干近い仕組みになっていますが、この名鉄名古屋駅の複雑さは日本一だと思います。あまりにも情報が多すぎて、案内の自動音声化はできず、アナウンスする駅員さんがちょっとＤＪっぽくなっています。

以前、大相撲名古屋場所を取材した際、用もないのに名鉄名古屋駅の中をぶらぶらして写真を撮っていると、外国人観光客の方に声をかけられたことがありました。アメリカからやって来た観光客のようで、ただたどしい日本語でどの電車に乗ればいいか質問してきたんですが、私が英語で説明してあげるとすごく喜ばれました。

よくよく考えたら、名鉄名古屋駅を英語で完璧に案内できる人って、実は少ないかもしれません。名古屋生まれ、アメリカ育ち、鉄道好きの三条件がそろっている人はなかなかいないでしょうから。英語で案内をした後に、人生で初めて「人の役に立てた！」と思ったくらいです。いっそのこと、名鉄名古屋駅でボランティアでもやりたいですね。

名古屋駅以外にも、名鉄には魅力がたくさんあります。狭すぎるホームで有名な西批杷島《にしびわじま》駅や、なぜか駅の名前と駅舎の名前が違う金山駅。信号機がなく、代わりに運転士が「スタフ」と呼ばれる棒を受け取ることで、電車が通過できる築港線。路線のバラエティだけでなく、車両の種類も豊富です。「名鉄スカーレット」と呼ばれる赤い車体はもちろん、白やステンレス、ブルーをあしらった車両まであります（赤色の３５００系と銀色の５０００系など、異なるカラーリングの電車の連結も見どころです）。

社紋の真鍮《しんちゅう》色や、車体や車内に使われる「名鉄文字」など随所に重厚さがあり、味が濃厚な名古屋メシに通じる「これでもか！」感がうかがえます。何かと〝こってり〟が大好きな私ですが、鉄道好きになったことも含め、感性の原点は名鉄にあるのかもしれません。

路線篇 7/32

芝山鉄道

千葉県の「芝山鉄道線」という路線をご存じでしょうか？　成田空港から海外に行くことが多い方は、「そういえば看板を見たことがあるような……」と思い出すかもしれません。

芝山鉄道線は、成田空港の第1ターミナルと第2ターミナルのちょうど中間にある「東成田駅」を起点とし、隣の「芝山千代田駅」を終点とする、いわゆる〝盲腸線〟です。2駅の間の路線距離はたった2.2㎞で、「日本一短い鉄道」といわれています。

実はこの東成田駅、かつては「成田空港駅」と名乗っていました。1991年に今の成田空港駅、92年に空港第2ビル駅ができる前は、京成電鉄のこの旧成田空港駅が一番空港に近かったんですね。現在、ほとんど一般乗客には利用されていませんが、空港職員の通勤に使われているので、まだ駅が残っているわけです。

さて、その東成田駅から1駅だけ延びた芝山鉄道線ですが、実はずっと先の蓮沼まで延伸される計画がありました。というか、計画自体は今もあります。

もともと芝山鉄道は、成田空港建設に伴う地域住民への補償という意味合いでつくられた第三セクターです。しかし、着工が延び延びになっているうちに今の成田空港駅が開業。さらに空港建設反対派の土地買収がなかなか進まず、最終的には「一坪共有地」と呼ばれる未買収地を避ける形で線路を敷設し、やっと営業を始められたのが２００２年のことでした。

その頃にはこの東成田駅も空港職員しか使わない駅になってしまっていたので、芝山千代田駅から先の延伸計画はずっとペンディングされている状態なんです。いわば、大人の都合に振り回されたかわいそうな路線です。

ちなみに、この芝山千代田駅の駅ナンバリングは〝Ｓｈｉｂａｙａｍａ Ｒａｉｌｗａｙ〟を表す「ＳＲ01」。まるで会員番号1番しかないファンクラブみたいで、ちょっと物悲しいですね。

私も以前、この芝山鉄道線に乗るために成田を訪れたんですが、東成田駅に行き着くのがまず大変でした。車で行こうとすると職員用の駐車場を通らないといけないし、降りて歩いても途中で横断歩道が消えてたりして、全然駅に近づけません（笑）。

たどり着くまでには苦労したんですが、この東成田駅はかつて成田空港のメインの玄関口だっただけあり、ものすごく広くて豪華な造りでした。大きな壁画があったり、今は使われていないホームに「成田空港駅」の駅名標がそのままかかっていたり、昔あった売店や喫茶店がチラッとのぞけたり……。ちょっとした廃墟の趣ですね。

　この東成田駅のことを「秘境駅」と呼ぶ人もいますが、それはちょっと違うんじゃないかと私は思います。なぜなら、この東成田駅は５００ｍくらいの地下道でちゃんと空港第２ターミナルまでつながっていて、人里離れた秘境駅ではないんです。

　しかも、この地下道がまたよくて、ガランとした薄暗い東成田駅を歩いてるとボウッと光り輝くように入り口が出現するんです。さながらＲＰＧの隠し通路を発見したような不思議な感覚が味わえます（笑）。

　さて、路線距離たった2.2㎞の芝山鉄道ですが、車窓の眺めはオススメできます。まず、東成田駅の地下ホームを出発して、車両が地上に出た瞬間、駐機している飛行機が大迫力で目に飛び込んでくるんです。線路が成田空港の駐機場のすぐ脇を走っているので、ほとんど飛行機と同じ目線で機体を見られるんですね。

しかも、ここは貨物機の駐機場になっているようで、「ＡＮＡ　Ｃａｒｇｏ」というロゴの入ったＡＮＡの貨物専用機や、国際便でおなじみのＤＨＬの黄色い貨物機という、普段はあまり目にしない飛行機が見られます。

前述のように未買収地を避けて線路を敷設しているため、たった3分の距離なのにカーブがやたら多いところもポイントです（笑）。

また、実際にこの芝山鉄道に乗りに行って知ったのが、周辺スポットの充実ぶりでした。芝山千代田駅ではレンタサイクルのサービス（鉄道利用者は無料）が行なわれているんですが、駅から少し走ると通称「芝山はにわ道」という道路（県道62号線）に入れます。この付近には「芝山古墳群」と呼ばれる考古学的に重要な場所があるそうで、それにちなんで埴輪のレプリカが道路沿いにボンボンって立てられているんですね。

なんとなくバブル時代のバラマキ行政のにおいを感じてしまうんですが、２ｍくらいあるリアルな埴輪が道路脇に佇《たたず》んでいる光景はちょっと異様でした。

そして一番のオススメスポットは「風和里《ふわり》しばやま」という空の駅。ちょっとした公園のようになっていて、親子連れもたくさん遊びに来ていました。ここに小さなプロペラ機が展示されていたんですが、それがビーチクラフトというアメリカの航空会社が製造した「ビーチＢ99」という小型双発機だったんです。この機種は、１９６８年から２３９機生産されたもので、日本で使用されたのはここに展示されている一機だけ。かなりレア感がありますね。

さらにテンションが上がったのが、シャトルの保存車両も展示されていたことでした。これはかつて成田空港内で使われていたシャトルシステムで、見た目はＬＲＴと呼ばれる路面電車に似ているんですが、下から空気で浮かせた車体をワイヤーで引っ張るという珍しい仕組みを採用しています。構造としては「横に走るエレベーター」ともいえます。

成田空港では92年12月からこれを無料で使用できるようにしていたんですが、たった３００ｍの距離をこのシャトルで移動するために３分待たないといけないので、あまり使い勝手はよくありませんでした。結果、シャトルは２０１３年9月に運行を終え、この空の駅に展示されています。今は動かない車両の顔の部分に「シャトルシステム　ＬＡＳＴ　ＲＵＮ」という文字が見えたのが、グッときましたね。

そんな周辺スポットも充実した芝山鉄道線。成田空港に行かれる際はぜひ東成田駅を利用していただいて、駅から空港ターミナルまで通じているあの不思議な通路を歩いてみてほしいですね。

三陸鉄道リアス線

２０１９年3月、三陸鉄道に「リアス線」が誕生しました。東日本大震災によって不通となっていたＪＲ東日本・山田線の一部区間が復旧と同時に三陸鉄道に移管されたことにより、同じく震災で被害を受けた北リアス線・南リアス線と統合され、全体がリアス線として新たに開業されることになったんです。元の山田線は震災によって4駅が全壊し、約25㎞の線路が流失・浸水しましたが、８年越しの開通となりました。

この統合によって岩手の沿岸部は一本の路線でつながり、第三セクターでは最長の路線となりました。私もさっそく乗りに行ったんですが、久慈《くじ》駅から盛《さかり》駅までの約4時間30分は、とても乗り応えがありました。

車窓からは海だけが見えるわけではなく、突如として趣のある巨岩が現れたり、深い森に突入したりするので、ドラマチックで飽きさせません。田野畑《たのはた》駅の近くにある三陸鉄道の車両を模した不思議な水門など、ちょっぴり変わっていて魅力的なポイントもたくさんありました。

各駅のアナウンスで「〇〇でおなじみの……」と地元の宣伝が入ったりするのも楽しかったですね。「猫の道」「塩ロード」といった、気になる単語が満載でした。

もうひとつ特徴的な風景は、目の前に広がる長い防波堤。場所によって高さは違いますが、あの〝コンクリートの壁〟を間近で見ると、受けた被害の大きさを実感しました。防波堤ができたことで「本来の景観が損なわれた」という意見もあるようですが、現地で建設中の防波堤や多くの工事現場、「ここまで津波が来ました」と書かれた看板を見た人は、何かしらの思いが胸に突き刺さるはずです。

さて、今回の開業に合わせて、リアス線には新車両が8両投入されました。私は、そのうち「36‐700形」という一般車両に乗りました。デザインはこれまで三陸鉄道を走っていたものと変わらないんですが、車内にボックスシートが増えたりと改良が施されています。個人的に感心したのが、窓の日よけ。鉄道車両の日よけって、決まった位置でしか止まらないものが多いんですが、新車両ではどこでも止まるようになっています。「日が傾いてきたけどもうちょっと風景を見たい」というようなときに繊細な調整ができる、優秀な日よけだと思いました。

また、車体にはアラビア語と英語、日本語で、「クウェート国からのご支援に感謝します。」という一文が書かれていました。実は震災の際、クウェート政府から日本に多大な支援が行なわれ、その一部がこの新車両の購入に充てられたそうです。新車両のなかにはレトロ調の観光車両もありますが、その絨毯《じゅうたん》がどことなく中東っぽいのは、もしかするとそのせいかもしれません。

開業で注目を集めたリアス線ですが、いかに盛り上がりを継続させられるかが課題です。三陸にはおいしい海鮮やお酒があるので、〝居酒屋列車〟を運行するのはいかがでしょう？　列車に揺られながらホタテを焼いたり、取れたてのウニやホヤを堪能したりできる列車があってもいいかな、と思います。

さて、そんな三陸鉄道リアス線を楽しむためのオススメルートをひとつご紹介したいと思います。

関東方面からは、まず東北新幹線で青森・八戸《はちのへ》まで行ってください。そこからＪＲ東日本の八戸線に乗って南下すると、岩手・久慈駅から三鉄に乗り換えられます。このルートなら、時間はかかりますがスムーズに旅をすることができます。

八戸線自体も海沿いを走っているんですが、ぜひ見てほしいのが鮫《さめ》駅の近くにある「蕪島《かぶしま》」。ここはウミネコの繁殖地として知られており、車窓からも大量のウミネコが見えます。その様子は、さながらヒッチコックの『鳥』のようなので、鳥恐怖症の方はスルーしてください……。

お昼は、久慈駅の食堂「三陸リアス亭」のうに弁当を食べてもいいですし、時間があれば八戸の近くの五戸《ごのへ》で馬肉の「義経鍋」を食べるのもありです。

三陸鉄道の最初の見どころは、田野畑駅近くの「北山崎」。三陸海岸のなかでも絶景として知られ、約８㎞にわたってリアス海岸が見られます。断崖絶壁にエメラルドグリーンの波が打ちつけるさまは、とんでもない迫力があります。

また、宮古駅近くの浄土ヶ浜は、海の中にゲシゲシした岩が浮かび、洞窟もあったりしてめちゃくちゃカッコいい場所です。北山崎もそうですが、複雑な地形に打ちつける波の音は、静かながら複雑な響きで、何度も足を運びたくなります。

三鉄の旅はさすがに日帰りが難しいので、宮古あたりで一泊するのがいいと思います。オススメの宿のひとつは「浄土ヶ浜パークホテル」。ここは大浴場もカラオケもあって、夜はビュッフェや、鉄板焼きを食べられるコースもあるので、家族や友達との旅行にはうってつけです。また、三陸復興国立公園内にある「休暇村陸中宮古」というホテルも、ビュッフェがかなり充実しています。自分で具材を選べる〝オリジナル釜飯〟なんていうものもあります。

翌日は、再び三鉄に乗って大槌《おおつち》駅で降りてください。ここの魚屋さんで三陸名物の〝牛乳瓶入りのうに〟を買って、スーパーで仕入れたご飯の上にかければ、即席のうに丼が食べられます。牛乳瓶うにって、バケツプリンに匹敵する「こんなに食べていいの!?」という喜びがあるので、私もご飯にかける様子を思わず動画に残してしまいました。

続いては、恋し浜駅。かつては小石浜駅という名前だったんですが、町おこしの一環として11年前に改称しました。待合室には、ホタテの貝殻に願い事を書いた絵馬が、座る場所がないほど大量にかかっています。ちなみに、日本に〝恋〟という文字が含まれている駅名は4つあるんですが、すべて回ると恋が成就する……という言い伝えなんてあったりするんでしょうか？

さて、終点の盛駅に着いたら、ＢＲＴ（バス高速輸送システム）に乗ります。これは、震災で被害を受けたＪＲ気仙沼線の線路を埋め立てて造った専用レーンを走っています。ただ、電車に比べて輸送力が低いからか、現状はギュウギュウに混み合っています。

今後もＢＲＴ一本でいくのか、路線復旧を目指すのかは地元が決めることですが、震災の影響を知るためにも、一度乗ってほしいです。

路線篇 9/32

西鉄

今回のテーマは「西鉄」こと西日本鉄道です。福岡県を基盤にする私鉄で、通勤や通学に欠かせない存在でありながら、沿線に太宰府や柳川といった強力な観光資源を抱える大手。私も大好きな鉄道会社のひとつです。

ただ、同じ私鉄でも京急や近鉄、阪急などはファンが多いんですが、西鉄はいまいち存在感が薄いんです。バス路線が存在感を発揮していることから、「西鉄はバス会社」と揶揄《やゆ》されることも。でも、西鉄には面白いところがたくさんあるんですよ。

特に車両に関してはかなり先進的な取り組みをしてきました。０系新幹線の開発の参考にされたといわれている、日本で初めてモノコック構造を採用した西鉄３１３形や、小田急のロマンスカーなどの原点になった連接構造を持つ西鉄５００形、かつて日本一の大きさの窓を持っていた西鉄８０００形など、全国の鉄道の発展を支えてきた名車がたくさん。私が好きだった西鉄２０００形は、運転席が車両の真ん中にあるという、日本の高速鉄道では非常に珍しい構造をしていました。

一番好きなのは、今も現役で多く走っている西鉄５０００形です。車両の顔は、よく見ると運転席側の窓だけ曲面ガラスになっていて、正面の顔が微妙に左右非対称なんです。変なバランスなんですが、まるで手描きのイラストをそのまま具現化したようなゆるい感じがあります。

その独特な顔に加えて、「これぞ西鉄」ともいえる、歯磨き粉のようなアイスグリーン×マルーン（えび茶色）という独創的なカラーリングは一度見たら忘れられません。そして小ぶりなサイズ感も西鉄の特徴。車両の長さはたった19・５ｍで、幅も狭め。時代に合わせて地方鉄道の各社は車両限界を広くしていきましたが、西鉄は昔のままだといわれています。なのに、最高速度１１０キロも出す区間もあるので、迫力は満点です。

そんな西鉄ですが、他社同様、近年は観光列車にも力を入れています。太宰府へ向かう「旅人《たびと》」、柳川を通る「水都《すいと》」はすっかり定着しました。特別料金が必要ないので、移動ついでに乗れます。

そして、２０１９年に満を持して登場した西鉄初の本格的な観光列車が、「ＴＨＥ　ＲＡＩＬ　ＫＩＴＣＨＥＮ　ＣＨＩＫＵＧＯ」です。筑後地方の食材を使ったグルメを味わえる列車で、車内にある窯《かま》で焼いたピザやフレッシュな野菜を味わうことができます。

外装もキッチンクロスを思わせる赤いチェック柄になっていて、女子ウケしそうなおしゃれな雰囲気は、他社の観光列車と一線を画しています。この車両は通勤用の６０５０形を５億円かけて改造したもので、先ほど話した５０００形と同じアンバランスな顔をしているので、洗練された外装のデザインとの対比がツボです。

ちなみに、この外装をデザインしたのはグラフィックデザイナーの福岡南央子《なおこ》さん。福岡を代表する西鉄の車両をデザインしたのが福岡さんだなんて。さらに、車内の壁面を彩るブリキパネルをデザインしたのはアーティストの鹿児島睦《まこと》さん！　シェフやアテンダントさんまで調べれば、佐賀さんや大分さん、宮崎さんも関わっているんじゃないかと夢が膨らみます。

どなたか、内情をご存じの方がいたら教えてください。

路線篇

10／32

山万ユーカリが丘線

首都圏の路線図で千葉県佐倉市の辺りを見ると、〝しゃもじ〟のような不思議な形をした路線があるのに気づくと思います。それが「山万ユーカリが丘線」です。京成電鉄本線のユーカリが丘駅に接続している路線で、営業キロ数4.1㎞、全6駅の小さな路線です。

この鉄道は山万という不動産会社が建設したもので、今でも同社の鉄道事業部が直接運営しています。異業種から鉄道業界に参入する例は非常に珍しい上に、不動産会社が経営する鉄道は全国でもここだけです。そもそもは同社がこのユーカリが丘というニュータウンの開発を手がけた際、地域の交通の利便性を高めるために鉄道も自社で造ったという経緯があります。

そのせいか、街全体が箱庭のような〝シムシティ感〟を漂わせています。特に、ユーカリが丘線の駅名は「公園駅」「女子大駅」「中学校駅」など、ゲームの中に出てきそうな適当すぎる名称がつけられているんです。

ただ、この駅名にはひとつワナがあります。なんと、女子大駅には女子大がないんです。過去にあったわけでもありません。かつて山万が女子大を誘致して先に名前をつけたものの、結局は実現しなかったので、駅名だけが残る形になってしまいました。ストレートすぎる駅名かと思いきや、日本一トリッキーな名前かもしれません。

そんなユーカリが丘線が、一度、新駅名を公募したことがあります。鉄道ファンの間では話題になったんですが、結局変わりませんでした。あの公募はいったいなんだったのか、すごく気になります。

肝心の鉄道のほうですが、このユーカリが丘線は専用軌道上を自動運転で走る「新交通システム」の日本における先駆けで、ゴムタイヤのついた小さな車両が特徴です。車両は約40年前のもので、照明がレトロだったり、エアコンの代わりにおしぼりが配られたりと、見どころ満載。短い距離のなかでも勾配が多く、鉄橋やトンネルもあり、想像以上に躍動感を感じられます。

しゃもじ状になっている路線の〝へら〟の部分には、意外にも田園風景が広がっています。「真ん中は開発しないのか」とツッコみたくなりますが、右側には住宅街、左側は生い茂った緑と、独特な車窓が山万ならではです。

私が一番推したいのが、看板や掲示板などに使われているフォント。たぶんオリジナルだと思うんですが、レトロな趣があってすごくすてきです。全体的なシムシティっぽさも相まって、小さいけれど完成された、模型の街に迷い込んだような気分になります。

このユーカリが丘線、ＩＣカードは使えず、大人２００円、子供１００円の２種類のボタンしかないシンプルな券売機で切符を買います。また、街の自販機には〝募金ボタン〟がついていて、山万に募金できるようにもなっています。よく廃線の噂もささやかれているんですが、実際に乗ってみると、ちゃんと地元の方の足になっていることを実感しました。

このユーカリが丘線に乗ってあらためて、私の夢は〝自分で路線を造ること〟だと確認しました。その際は、山手線の新駅（高輪《たかなわ》ゲートウェイ駅）の公募で落ちた「車両センター跡」などの駅名をつけて、夢の鉄道を造ります。

駅・車両・
鉄道スポット篇

１０７系電車

２０１７年10月、あの１０３系電車がＪＲ大阪環状線から引退しました。１０３系は、国鉄時代を代表する車両で、30代後半以上の方には東京の山手線を走っていた記憶もあるんじゃないでしょうか。しかし新型車両との置き換えが進み、大阪環状線で稼働していた車両もついに廃止となりました。

実はその少し前の９月にも、もうひとつの歴史ある車両が引退しています。１０７系電車です。こちらは、ＪＲ東日本が誕生してから初めて自社で製造した記念すべき車両。主に北関東の路線で活躍していました。

この１０７系は、元は１６５系電車を改造したものです。１６５系は、勾配のきつい土地や寒冷地向けに造られた車両で、そのモーターや台車などの主要機器を再利用しながら、ほとんど車体の〝ガワ〟だけ新しくしたのが１０７系でした。モーター音のうるささや、屋根の上にクーラーが取り付けられているところに１６５系の名残がうかがえます。自社製造車両といっても、すでにあるものを再利用してコストを抑えに抑えたところに、民営化された当時のＪＲの台所事情がうかがえますね。

　ちなみにこの１０７系の引退が発表された際、多くのニュース記事に「サンドイッチ列車と親しまれ……」という文言が書かれていました。白をベースにした車体に、緑とピンク色の帯が入っているカラーリングを、パン、レタス、ハムの食材に見立てたんでしょうけど……。私は、一度も「サンドイッチ列車」なる言葉を聞いたことがありません。サンドイッチにしては、パンの部分が多すぎとも思いますね。なんだか、ＪＲが出したリリースを各紙がコピペしたにおいがプンプンします。ただ、鉄道ファンが知らないだけで、地元の人はそう呼んでたのかもしれないので、一度、現地調査してみたいところです。

　さて、１０７系は引退してしまいましたが、北関東の鉄道の見どころはまだまだあります。まずはなんといっても、北関東最大の駅・高崎駅の名物、湘南色天国！　……え、湘南色って何かって？　これは、かつて東海道本線を走っていた80系から誕生した車体カラーで、オレンジ色と緑色の大胆な配色は国鉄を代表するカラーリングでした。今でも、湘南新宿ラインの車両にこのオレンジと緑のラインが入っていますね。全国的に湘南色は少なくなってしまいましたが、高崎に行くと湘南色の電車が大量に見られます！　私が好きな車両の上位、２１１系やＥ２３３系などの湘南色車両が並んでいる様子には興奮を隠しきれません。

　また、高崎まで行ったら、そこから上越線で土合《どあい》駅に足を延ばすのもオススメ。ここは「日本一のモグラ駅」といわれていて、下りホームに降り立ってからなんと４６２段もの階段を上らされます。しかも、そこで終わりかと思いきや、１００ｍ以上ある連絡通路を歩いた先にさらに24段の階段があり、その先に改札口があるという構造……。この駅は、谷川岳に登山する際にも使われるんですが、登山客はみんな駅を出るまでにすっかり疲れてしまうといわれています（笑）。ただし、地下だけあって夏はひんやり涼しいので、暑い時季にぜひチャレンジしてください！

京都の鉄道スポット

２０１８年の春から約1年間、ＭＢＳラジオで『市川紗椰のＫＹＯＴＯ　ＮＯＴＥ』という番組を持たせていただきました。名古屋生まれ、アメリカ育ちの私ですが、京都は大好きな街のひとつで、毎回新しい発見もあり、楽しく収録させていただけたのですごく感謝しています。

その番組のロケで京都を訪れた際、プライベートで延泊して、私も知らなかった鉄道スポットを見つけました。それが、嵯峨野《さがの》観光鉄道のトロッコ嵯峨駅に隣接された「ジオラマ京都ＪＡＰＡＮ」という施設です。

見つけたときは、入り口から漂う薄暗い雰囲気に臆したんですが、中に入るとびっくり。約17×12ｍのものすごく大きな京都のジオラマが展示されているんです。ジオラマとしては日本最大級だそうですが、京都の街並みや清水寺などの名所旧跡、さらには有名な五山送り火まで、どれも精巧に再現されているんです。しかも、ジオラマの上に架けられた橋に上ると、京都の街並みを真上から見下ろせるという贅沢《ぜいたく》まで味わえます。

　そして最大のポイントは、そもそもこの施設は鉄道模型テーマパークだということ。ジオラマの隣に本物のＥＦ66形のカット（運転車の先端部分）があり、シミュレーターで運転体験ができるだけでなく、本物のマスコン（＝マスターコントローラー。運転装置のこと）でジオラマ内の鉄道を動かせるんです！　ネットで「運転する機械がボロボロで……」と書いているレビューを見かけたんですが、とんでもない！　あれは実際に使われていたマスコンなんです。ぜひお子さまの鉄道教育にもオススメしたいです。今は京都鉄道博物館になっている場所が、かつてあった梅小路の車庫のままジオラマになっているところにも鉄道愛を感じました。

　さて、ほかにも京都に行ったらぜひ乗っていただきたいのが、京阪本線の５０００系電車です。１９７０年に誕生した車両なんですが、ラッシュ時は1車両につき5つの扉が開いて多くの人が乗降できるようになっています。しかし、混んでいない時間帯は扉をふたつ閉め切り、上に格納していた座席をウィーンと下ろして座れるという画期的な機構が採用されています。一部の吊り革も跳ね上げ式になっていて、手で引っ張り下ろして使うことができるようになっていたり、各車両に成田山のお札が祭られてあったりと、細かい見どころも満載です。

また、京都には嵐電（嵐山本線）や叡山《えいざん》電鉄など観光列車っぽい路線がいくつかありますが、私のひそかなオススメは「鞍馬山鋼索《くらまやまこうさく》鉄道」。鞍馬寺というお寺の境内に設置されているケーブルカーで、日本で唯一の宗教法人が運営する鉄道です。お寺としては歩いて参拝することを推奨しているんですが、２００円の寄付を払うとこのケーブルカーで山門まで上れます。脚の悪い方を想定したエレベーターのような役割でしょうか。

このケーブルカーは全長２００ｍの日本一短い鉄道でもあり、一瞬で到着してしまうんですが、乗務員の方が作務衣《さむえ》を着ていたり、沿線にちっちゃな赤い灯籠《とうろう》があったりと、宗教感があって不思議な気分になります。機会があればぜひ乗ってみてください。

国鉄EF81形電気機関車300番台

以前、BS-TBSで放送されていた『にっぽんイイね！こだわり鉄道旅』。ほかの鉄道系の番組とは少し違う渋めな内容で、私の出演回では国鉄時代の名車に会いに行ったりと、車両に注目した内容にしてもらっていました。

なかでも、一番の思い出になっているのは貨物列車の回。貨物列車は、基本的に貨物専用の線路を走るものなんですが、一部には旅客線を走る区間もあったり、逆に旅客列車が貨物線を走る区間もあります。例えば、東海道本線で運行されている湘南ライナーの一部の時間帯の列車は、貨物専用のルートを通るので、私も朝早くからこの列車に乗って貨物の気持ちを味わったりしていました。

貨物好きとして、自分にできることはそれくらいかと思っていたんですが……なんと、番組で営業中の貨物列車に乗せてもらいました！　鉄道番組の歴史のなかでも、前代未聞のことだと思います。

　このとき、私のわがままで乗せてもらったのは、国鉄時代に造られた「ＥＦ81形電気機関車」の３０３号機。このＥＦ81の３００番台は、本州と九州を結ぶ関門トンネルを走るために開発されたもので、４両しか造られなかった希少な車両です。なかでも、現役で走っている唯一の車両がこの３０３号機です。

　この車両は海底トンネルを含む区間を走るので、海水に腐食されないように車体が無塗装のステンレスで覆われていて、通称〝銀釜〟と呼ばれています。実際にその車体を目の前にすると、むき出しのメカ感があってスチームパンクの世界のような味わいを感じました。この３０３番が走る姿が見たくて、貨物列車専用の時刻表で調べて鳥栖《とす》駅で待ち構えたものの、結局は見られなかったという経験もあったので、感慨もひとしおでした。

　私が乗せてもらった区間は、北九州貨物ターミナル〜福岡貨物ターミナルの区間。細かいですが、貨物列車の場合、〝駅〟ではなく〝ターミナル〟といいます。ＥＦ81は私の大好きなトワイライトエクスプレスの機関車としても使用されていたので、あの懐かしいモーター音が聞けたのもうれしかったですね。

この北九州から博多の区間は、途中で旅客列車用の線路の上も走るんですが、貨物専用の線路とは乗り心地が違ったのも面白かったです。旅客列車の線路はロングレール化されていてスムーズに走るのに対し、貨物列車の線路はジョイント音がうるさく、かなり激しい乗り心地でした。

また、このＥＦ81の警笛は「ピーッ」とちょっと高い音がするんですが、よく見ると警笛の上に雪よけのカバーがついていたので、もしかしたらこのカバーのせいであの独特な音が鳴るのかなと思ったりもしました。

普段はなかなか近くで見られない貨物列車に会うだけではなく、乗るという鉄道ファンの夢を叶《かな》えさせてもらったこのロケ。ＪＲ貨物さんがものすごく協力的で、最後には額装されたＥＦ81の写真など、貴重な鉄道アイテムももらいました。

かつて、貨物列車の時刻表を眺めながら「貨物の気持ちになりたい」と思っていた私。この番組を経て、〝貨物熱〟が再び高まりました。

南新宿駅

大都会東京を代表する巨大ターミナル、新宿駅。一日平均乗降客数３４７万人（２０１６年）は、ギネス世界記録にも認定されています。

そんな新宿駅のたったひと駅先ながら、〝都会の過疎駅〟と呼ばれているのが小田急線の「南新宿駅」です。一日平均約４０００人という乗降客数は、小田急全駅のなかでもかなり少なく、神奈川県の小田原の手前にある足柄駅と最下位を争っています。都内の鉄道各社の全駅のなかでも最少クラスで、日暮里《にっぽり》・舎人《とねり》ライナーの足立小台《あだちおだい》駅と同程度です。

しかし、私の実感としては「４０００人もいるのか？」というのが正直なところ。ここで乗り降りしている人を見た記憶がありません（笑）。

この南新宿駅は、新宿を出発して1分くらいで着くほど近い場所にあります。山手線の代々木駅からも５００ｍ程度しか離れていません。つまり、ここが最寄りになる地域が非常に狭いんです。しかも、南新宿駅には各停しか止まりませんから、わざわざ新宿からひと駅乗ってくるより歩いちゃう人が多いんでしょうね。

そんな過疎駅なので、常に廃止論がささやかれています。駅を取り壊して、そのスペースを各駅停車と急行列車の分岐のために使おうという案や、留置線（鉄道の車両を一時的に止めておくための線路）を新たに造ろうという案、商業施設を建てようという案も聞いたことがあります。

個人的には、所在地の渋谷区代々木に合わせて「西代々木駅」に改名し、代々木周辺へのアクセスを強調したら利用者も増えるんじゃないかと妄想していましたが、最近は「このまま残してほしい」と強く思うようになりました。

その理由は、２０１８年に小田急線の複々線化（上り用と下り用の線路を2本ずつ＝計4本敷設すること）工事が完了したことにあります。着工から30年かかった大事業で、代々木上原から登戸までが複々線化され、その間のすべての駅が高架化か地下化されました。そんな激変する小田急の風景のなかでも、地上駅のままの南新宿駅は昔の雰囲気を残しているんです。

駅前には広場や商店街もありませんが、高層ビルと昭和の香りがする一軒家が混在する面白い土地です。狭い道が迷路みたいに入り組んでいて、私が好きな階段もたくさんあります。そんな駅周辺をうろうろしてみると、楽しいですよ。

この辺りの踏切は待ち時間がかなり長く、〝開かずの踏切〟といわれることもあります。この間、そのなかのひとつである「新宿2号踏切」で面白いものを見つけました。踏切の手前には黄色い警戒標識がありますが、なんと絵柄が蒸気機関車のシルエットのものでした。今はほとんど電車や気動車のシルエットになっているので、すごく古い可能性があります。鉄道好きにはぜひチェックしてほしいですね。ただでさえ珍しくなった「ＳＬマーク」を都市部で見られるのは、テンションが上がるはずです。

ちなみに、都心のはずなのに踏切の「カーンカーン」という警報音は住宅地向けの小さい音量だったのも、不思議な感じがしました（笑）。

都内には〝新宿〟という地名がつく駅が10ありますが、そのなかでもほかにない個性を持つ南新宿駅。よければ一度は降りてみてください。

鉄道車両の再利用

何年か前にタイを訪れた際、面白いものを見つけました。

バンコクから鉄道で４、５時間ほど南下した所にホアヒンという地域があります。この一帯は王族の別荘もあるリゾート地になっていて、ホアヒン駅にも王族専用の豪華な待合室が残っています。駅舎は伝統の建築様式で造られており、クリーム色と朱色を基調にしたかわいらしい色合いで統一されています。誰が言ったか知りませんが、「タイで一番美しい駅」として知られています。

そんなホアヒンの駅前に、鉄道の保存車両がポツンと置かれているのを発見しました。黄色のタイらしいポップなカラーリングだったんですが、近づいてよく見ると、なんと日本の「キハ28・58」という車両だったんです！

これは国鉄時代に急行列車として日本中を走っていた車両です。さらに観察すると、車体には「自動ドア」「日本国有鉄道」という日本語の文字も残っていました。

いろいろな人に尋ねて調べたところ、日本で現役を退いた後にタイ国鉄に譲渡され、少し前までこちらで活躍していたそうです。一時はタイ南端のハジャイまで１０００㎞以上の距離を走っていたという話も聞きました。

日本では普通車扱いでしたが、タイでは二等車として運用されるという〝出世〟も果たしていました。その日本への感謝の意を表して、こうして保存車両として展示しているそうなんです。

そして、なんと今は改装されて図書館になっていました。この図書館は誰でも入ることができて、本の貸し出しも行なわれていました。また、王族がこの駅を訪れた際の写真もたくさん飾られていました。

日本国内でもさまざまな形で鉄道車両が再利用されています。例えば、岩手の「ふれあいらんど岩泉」というキャンプ場では、寝台列車であるブルートレインの車両をそのまま宿泊施設にしているんです。

しかも、ここで使われているのは特急「日本海」として大阪駅‐青森駅間を走っていた車両。かつて日本海側を走り、名前まで「日本海」という列車が、今や太平洋側で〝セカンドライフ〟を過ごしているというところも個人的にはツボです。ほとんど現存していない「開放型Ａ寝台」という方式のベッドで眠ることができるという貴重な体験もできました。

　私もここに泊まったことがあるんですが、中で走行音を聴きながら過ごすと、寝台列車に乗っている感覚を疑似体験できます。朝起きて外に出ると、濃い霧に包まれた幻想的な風景を見ることもできました。なんといっても、寝台列車に宿泊しているのにキャンプめしが味わえるところにお得感を感じます。

　また、宮崎県の日之影町《ひのかげちょう》には「ＴＲ列車の宿」という宿泊施設があります。これはすでに廃止された高千穂鉄道の車両を改装したものです。中はビジネスホテルのようなベッドが設置されていたり、畳を敷いた部屋があったりします。

　北海道湧別町《ゆうべつちょう》の「計呂地《けろち》交通公園」では、廃線となった湧網《ゆうもう》線の計呂地駅の施設を保存展示しています。なかでも、ＳＬ「Ｃ58」の中は、誰でも３００円で宿泊することができるようになっているんです。ツーリングをするライダー向けの施設で、畳が敷かれているだけですが、古いＳＬに泊まれるなんてすてきですよね。

本物の車両というわけではありませんが、都内で気軽に泊まれる施設もあります。馬喰町にある「トレインホステル北斗星」は、北斗星をイメージしたホテルで、内装の一部に実車パーツを使用しているそうです。

もちろん、日本における鉄道車両の再利用は、宿泊施設だけに限りません。ガラス工芸作家として著名なルネ・ラリックの作品を展示する神奈川県の「箱根ラリック美術館」では、オリエント急行を走っていた特急列車がカフェとして使われています。しかも、室内装飾を手がけたのは、ラリック自身です。

ここでお茶を飲みながら、相手のカップに毒を盛るふりをして、〝アガサ・クリスティごっこ〟をするのも面白いかもしれません。

また、埼玉県にある「ほしあい眼科」では、キハ２２３を待合室として使っています。こちらの院長は〝本物集め鉄〟を自称する大の鉄道ファンで、病院の敷地内にはクハ21やＥＦ66‐45などさまざまな車両のカット（展示用に車体の先頭部分のみ切り出したもの）が置かれています。ここまでする情熱はすごいですよね。

ちなみに、鉄道車両が待合室として使われている最も有名な例は、渋谷駅のハチ公像の向かいに置かれている東急５０００系でしょうか。

そういえば、私が住んでいたアメリカのミシガン州に、孵卵《ふらん》場（鶏の卵を孵化させる施設）として使われている車両がありました。アメリカによくあるトレーラーハウスのような感じで、誰も珍しがっていませんでしたが、鉄道好きの私はテンションが上がりました。

また、行ったことはありませんが、ロシアには教会として使われている車両もあるそうです。そういう例を聞くと、「日本でも鉄道車両をお寺として使えるのでは？」と夢が膨らみます。もともと初詣は鉄道会社のキャンペーンによって広がったものですし、鉄道と参拝のマッチングのよさを考えるとありえなくはないと思います。

このように、さまざまな再利用の形が考えられる鉄道車両。私だったら、焼き肉屋をやりたいですね。煙もくもくのなか、鉄道の車内で焼き肉が食べられるなんて最高じゃないですか？　どうせだったら、焼き肉屋、焼きとん屋、もつ焼き屋の3両を並べて、はしごできるようにしたいです。

場所は、２０２０年3月14日に田町～品川間で開業する「高輪ゲートウェイ駅」の駅前が理想ですね。この駅の名前を公募していた際、私はかつてあった田町車両センターになぞらえて「車両センター跡」という駅名を推していたんですが、結局は高輪ゲートウェイというキラキラネームになってしまいました。駅名では悔しい思いをしたので、せめてここに、かつて配置されていた国鉄181系電車の車両を置いてお店を開きたいです。

特急ラビュー

２０１９年３月、西武鉄道の新型特急車両「ラビュー」がデビューしました。レッドアローに続く西武のフラッグシップトレインです。開業して間もないときに、さっそく母と乗りに行きました。

まず、目を引かれたのが未来感のあるデザイン。運転席の窓には３次元曲面ガラスが使用されていて、球面のような外観をしています。実際に横から見ると、大きな弾丸か、あるいは昔の宇宙服のようでびっくりしました。新しいジャンルの電車の顔ですね。

アルミ素材にシルバーの塗装を施した外装は、周りの景色を反射して、風景に溶け込むように設計されています。ただ、一緒に行った母親は「反射で写真が撮りづらい」とぼやいていたので、撮り鉄には厄介な車両なのかもしれません（苦笑）。

もうひとつの特徴は、客席の窓が縦１・35ｍ×横１・58ｍと、とても大きいこと。肘掛けの下までガラス張りなので、まるで椅子だけで走っているような感覚になりました。市街地からだんだん離れ、森の中に入っていく西武秩父線の沿線の景色を大パノラマで味わうことができます。

乗り心地もほんとに滑らかで、驚くくらい静か。レッドアローと比べると、同じレールの上を走っているとは思えないくらいです。

内装は、日本の電車では珍しい黄色を基調とした明るい空間になっています。もともと西武といえば黄色い車両のイメージがあるので、それを生かしてデザインしたそうです。座席の表面は、ベロアとタオル地の間のようなモコモコ感のある素材で、70年代の家具のようなレトロな味わいがあります。体をしっかり包み込む形状が、若干Zガンダムっぽさも感じさせますね。

また、窓にカーテンがついていたり、床にカーペットが敷かれていたりと、まるでリビングにいるかのような感覚にもさせてくれます。このラビューは、建築家の妹島和世《せじまかずよ》さんの監修の下、建築や建物の内装に関わるデザイナーの方々が手がけているので、今までの電車の工業デザインとはかなり雰囲気が違います。

車内にはＷｉ‐Ｆｉやコンセントもあり、至れり尽くせりのこの新型特急。ぜひ皆さんにも乗ってほしいんですが……。ひとつモヤモヤしていることがあります。

途中の飯能《はんのう》駅から先へ行く際、そこでスイッチバックを行ないます。ここで車両の走る向きが逆になるのですが、椅子を回転させるかどうかは乗客任せ。私がラビューに乗車した際は、後ろの人たち含め誰も席を回さなかったので、私も周りに合わせてそのまま座っていました。

しかし、後から乗ってきた夫婦が、私の前の席を回転させて座ってしまったんです！　結果、まるで家族のようにその夫婦と向かい合わせに過ごすという不思議な時間を味わいました。

実は、前にも飯能で同じ目に遭っている人を目撃したことがあります。やっぱり車内の空気に任せていると、こういうことが起こりうるんだな、と思いました。この際、車内放送で「声をかけ合って席を回転させてください」とアナウンスし、椅子を進行方向に合わせるという決まりにするのはどうでしょうか。そうすれば、知らない家族の一員みたいにされた私のような悲劇は免れられると思います。

日本のモノレール

私は鉄道のなかでもモノレールがかなり好きです。以前、ヴッパタール空中鉄道というモノレールに乗るためだけにドイツの郊外まで行ったこともあります。たまたま運休していたため乗れなかったんですが……（１３２ページ参照）。

私がモノレールに夢中になったのは、ここ10年ほどのこと。正直、それまでは軽視していましたが、海外の鉄道に目を向けるようになってから、日本が〝モノレール大国〟であることに気づき、奥深さを知りました。今では、街中を縫うように走る姿、無機質な外観、近未来的なあり方の虜《とりこ》です。

モノレールには敷設にまつわる人間くさいエピソードが多いことも魅力なんですが、今回は〝乗って楽しい〟路線をご紹介したいと思います。

私がイチ押ししたいのが神奈川県の「湘南モノレール」。大船駅から湘南江の島駅までをつなぐ、所要時間14分の短めの路線です。ただ、乗っていて一瞬も飽きさせないジェットコースターのような楽しさがあるんです。

発車するなり後方に飛ばされそうになるほど加速し、Ｓ字カーブを勢いよく駆け抜け、急坂を一気に上り下りします。車輪が鉄ではなくゴム製のタイヤを使っているため、そうした爽快感がある走行が可能になるんです。複雑な地形に対応し、完成された街の隙間を探して建設されたことも、その走行感の背景にあります。

このモノレールは「懸垂式」といって、レールから車体がつり下がっているタイプなので、カーブを曲がるときに遠心力で振り子のように車両が傾くのも乗り応えにつながっています。

足元にレールがないので、車窓を見ると空中散歩をしているような感覚にもなります。一番地面に近い所では、地上８ｍまで接近するので、車の真上を走っているように見えます。今は法律によってもっと高い所に設置することが義務づけられているので、こんなに低い所を走るスリルを味わえるのはこの路線だけです。鉄道好きじゃなくても、必ず楽しめます。

さらに、大船観音など名所が眺められるポイントや山岳トンネルを通ったりと、車窓の眺めも豊かです。山を抜け、勾配を上りながら見えてくる江の島の海もいいですが、東海道貨物線の上を通る箇所もあるので、たまに貨物列車に遭遇できるのが個人的には一番テンションが上がります。

実はこの懸垂式のモノレールは、世界に５つしかありません。そのひとつがヴッパタール空中鉄道で、あとの４つはすべて日本にあります。なかでも、湘南モノレールはこのような個性があるので、海外からわざわざ乗りに来る人がたくさんいます。海外で鉄道好きと交流すると必ず湘南モノレールについて聞かれますし、紹介動画も海外のサイトのほうがはるかに多いです。日本ではいまひとつ存在感が薄いですが、文化遺産として誇りに思うべき鉄道だと思います。江の島や鎌倉観光の際にはマストです！

ちなみに、同じ懸垂式の「上野動物園モノレール」は、老朽化のため２０１９年11月に運行休止となりました。上野動物園内を走る0.3㎞の〝日本一短いモノレール〟は上野の名物のひとつだったので、寂しい限りです。

続いて紹介したいのは、「東京モノレール」。首都圏にお住まいの方には、都心から羽田空港に行くときのアクセス手段としておなじみですね。この路線の楽しいところは、地上から地下へとダイナミックに移動する勾配。浜松町駅を出発したあたりは首都高と並走するように地上数ｍ上を走っているんですが、いったんさらに高く上がったかと思うと急降下して地下区間に入ります。この勾配が実現できたのも、ゴム製のタイヤだからこそです。

実はこの東京モノレールの初代「羽田駅」は、羽田空港の移転に伴って地下に埋められました。今、羽田空港のＢ滑走路と呼ばれている辺りだそうですが、そんな鉄道遺産が地下に埋まっていると思うとロマンを感じます。

ちなみに、１９６４年の東京オリンピックに合わせて敷設されたこのモノレール。突貫工事で五輪開幕の23日前にやっと開通したということですから、２０２０年のオリンピックのために今造っているさまざまな建造物も、最終的にはどうにかなるんじゃないかと思います（笑）。

そして、とにかく見てもらいたい部分があるのが「大阪モノレール」。大阪府内を走る全長28㎞のモノレールで、かつて世界最長のモノレールとしてギネス世界記録も保持していました。その部分というのは、車両の行き先を変える分岐。「太陽の塔」の最寄り駅である「万博記念公園駅」のホームから見える位置に分岐器があるんですが、その動きが圧巻なんです。

車両の進行方向に合わせて、レールの途切れたところに別のレールがドッキングするわけですが、太いレールが動くさまは、まるで〝道が動いている〟ようです。一気に複雑に動きだしてピタッとハマった瞬間には、ピタゴラスイッチ的な快感を覚えます。

この分岐は普段はモーターを使って動かしているのですが、故障などの万が一に備え、人の力で動かせるようになっています。人力で動かす姿を想像すると、ディストピアSFのような泥くささを感じるのは私だけでしょうか。太陽の塔に次ぐ観光名所として、ぜひ見てもらいたいです。

同様に、とにかく見た目がカッコいいのが「北九州モノレール」の「小倉駅」です。ここでは、吹き抜けになっている駅ビルの開口部に吸い込まれるようにしてモノレールが入っていくんです。駅の中からその様子を眺めると、頭の上に突然モノレールが飛んできたような印象を受けます。外から見ると、駅舎の3階から飛び出してくる車両が、基地から発進する宇宙船やロボ兵器のようで、しびれる光景です。車両の下にレールがある跨《こ》座《ざ》式モノレールのビジュアルが生かされ、秘密メカ的な印象がより強くなっているように感じます。

現在、日本には、世界中に現存する約１００のモノレールのうち10路線があります。それらがテーマパークのアトラクションなどではなく、ちゃんと「街の足」として成功している、まさに〝モノレール大国〟です。

とはいえ、上海には「マグレブ」という営業最高時速４３０キロを誇るリニアモーター式のモノレールがあったりと、まだまだ奥が深いモノレール。国内勢のさらなる進化を楽しみにしています。

よもやま話

コロッケトレイン

２０１６年10月、関東鉄道竜ヶ崎線を走る「コロッケトレイン」に乗るために、茨城県の龍《りゅう》ケ《が》崎《さき》市まで行きました。このコロッケトレインは、期間限定で走るいわゆる〝イベント列車〟です。まずはこの列車が生まれた経緯について説明します。

茨城県の龍ケ崎市では、２００２年からコロッケによる町おこしが行なわれています。市内のいろんなお店が開発した個性的なコロッケを総称して「龍ケ崎コロッケ」と呼んでいるそうなんですが、この年、龍ケ崎で「第４回全国コロッケフェスティバル」が開催されました。

それに合わせ、地元の竜ヶ崎線を走る鉄道がコロッケトレインになったんですね。コロッケも鉄道も大好きな私にとっては一挙両得ということで、友達と遊びに行きました。

竜ヶ崎線は、ＪＲ佐《さ》貫《ぬき》駅を起点とするたった３駅のローカル線です。終点まで５㎞もないので、あっという間に着いてしまいます。田園風景の中を1両編成の小さな列車が走る光景は、鉄道ファンの心をかき立てるものがあります。実は、日本の旅客列車としては初のワンマン運転を導入した路線でもあります。

この竜ヶ崎線の車両が、コロッケフェスティバルの期間中、どんなふうに様変わりするかというと……。すべての吊り革の持ち手の上に、もれなくコロッケがついてきます。もちろん本物ではなく、食品サンプルですが。車内の広告スペースにも、コロッケ格言が張り出されていました。

例えば、「日本には、コロッケがあるじゃないか。」「――あの日　好き、と言う代わりにコロッケを渡した」という映画のコピーのようなものから、「俺のコロッケ知らない？」といった謎のセリフまで、地元の方の深すぎるコロッケ愛を感じました。

目玉のコロッケフェスティバルのほうも盛況。全国各地の飲食店が一堂に会し、自慢のコロッケの味を競っていました。私も友人と手分けをして列に並び、買えるだけのコロッケを買い込みました。そして近くの神社の境内に移動し、大勢の大人に交じってひたすら大量のコロッケを食べていると、なんだか不思議な気分になりました。

コロッケって、衣をつけて揚げればなんでもＯＫという料理なので、ありとあらゆるものが具材になりうるんです。このとき食べたもののなかでは、「しらすコロッケ」や、金目鯛を揚げた「キンメコロッケ」がおいしかったんですけど……。なんといっても、「たまコロ」の味は忘れられません。北海道北見市名産のタマネギを使ったコロッケで、この年のコロッケフェスティバルでも優勝していました。ぜひもう一度食べてみたいですね。

ただ、衝撃を受けたという点では、私の中のＭＶＰは「ますずしコロッケ」です。富山名物のあの〝ますずし〟をコロッケにしたそうで、私も食べる前は「ライスコロッケみたいに混ぜご飯を揚げるのかな？」と想像していたんですが……。なんとこのコロッケ、ますずしをそのままの状態で揚げたものでした。あえて感想は言いませんが、「考えすぎると、こういう方向に行っちゃうのかな」と思った次第です。

よもやま話
19/32

春のダイヤ改正（２０１７年）

３月は、鉄道ファンにとって一大イベントが行なわれる時期です。それが、ダイヤ改正。この時期、鉄道各社で一斉に新しいダイヤが適用されるんです。電車の時刻表が変わるだけじゃなく、駅の存廃や車両の置き換えもこの時期に多く行なわれます。

毎年悲喜こもごもの感情を味わうんですが、２０１７年は忘れられない年のひとつです。この年の大きな動きは、ＪＲ北海道の改正。特急の運行体系が大きく変わるとともに、10駅の廃止が行なわれました。駅名を五十音順で並べた際、一番最後にくる駅だった「蕨岱《わらびたい》駅」もなくなってしまったんです。

ほかにも、私が一番ショックだったのが、ＪＲ東日本奥羽本線の赤岩駅が事実上廃止されたことでした。ここは、電車が前進とバックを繰り返しながら山を登る「スイッチバック」の設備が残っていることで有名だったんですが、この年から電車が止まらない〝通年通過駅〟になり、駅として使われることはほぼなくなりました。

また、ＪＲ以外では、東京メトロの銀座線を走っていた「営団01系車両」が引退しました。１９８３年にデビューした01系は、直線的なデザインとアルミニウムボディで、当時はかなり未来感のある車両だったようです。

今見ると確かに古く感じられるかもしれませんが、面白いのは、01系よりさらに古い車両をモチーフにした「東京メトロ１０００系電車」が現在の主力になっていることです。古いデザインも、一周すれば新たなトレンドになるという、鉄道界の典型的な流れかもしれません。

一方、ＪＲ各社で唯一、運行区間が延伸されたのが、ＪＲ西日本の可《か》部《べ》線。それまでは可部駅が終点だったんですが、新設のあき亀山駅まで延伸されることになりました。また、ＪＲ九州では新しい特急「かわせみ　やませみ」がデビューしました。これは観光列車という位置づけで、窓の外の景色を楽しめるカウンター席なども用意されています。

こうして、なくなるものもあれば増えるものもある。鉄道ファンにとっては毎年気になるダイヤ改正ですが、私がここ数年、ずっと気にかけているのが「国鉄１０３系電車」の行く末です。

１０３系は、かつて国鉄の主力車両として大量生産され、東京の山手線や大阪環状線など全国で使用されていた電車です。山手線であればウグイス色、環状線であればオレンジ色に塗られた外観と、あちこちに残る旧国鉄らしいゴシック体の表記、そして車両の中に取り付けられた扇風機などは、〝昭和の電車〟という趣にあふれています。昭和生まれの方にとっては、懐かしさを感じる車両じゃないでしょうか。

この１０３系は、現在ではＪＲ西日本とＪＲ九州にしか残っていません。なかでも、古い車両が使われていた関西の環状線や阪和《はんわ》線ではすでに引退。生き残っている車両もいつ日本から消えてしまうかわからない〝鉄道遺産〟といえます。

私も、環状線で運行していた１０３系に会うために、何度も大阪に足を運んだことがありますが……。古い車両がどんどんなくなっていくのはとても寂しいです。

駅そば

駅の構内を歩いていると、どこからともなく漂ってくるおいしそうな香り……。いくら急いでいたり疲れたりしていても、ふと足を止めてどこからかと探してしまう、優しい香りのもとは駅そば。心は躍り、おなかが鳴ってしまいますよね。

ひと昔前と違い、駅の中の飲食店も、とてもキレイでこざっぱりしたお店が増えました。駅そばは「早い、美味《うま》い、安い」が売りだったのに、駅ナカの充実によってそれ以上を求められるようになったのか、見た目や味にこだわった駅そばが近年増えた気がします。

昔からヴィジュアルも味が優れているのは、ＪＲ高田馬場駅・いろり庵きらくの「春菊天そば」。いろり庵きらくはチェーン店ですが、高田馬場店にだけ、春菊を一束丸々揚げた〝姿揚げ〟の春菊天があります。こうした駅そばで出てくる野菜系の天ぷらって、かっすかすになっていてしょんぼりすることが多いのですが、ここの春菊天は、丼からはみ出さんばかりの見た目のインパクトもさることながら、しっかりと春菊の風味と繊維が生きていてとてもおいしいです。

冷やしのメニューになりますが、東急蒲田駅・しぶそばの「ぴり辛ねぎそば」も、やみつきになる大人の味ですね。豆板醤とネギ、刻みチャーシューがのったおそばは、中華っぽい感覚で食べられます。また、京急川崎駅・えきめんやにある夏季限定メニュー「冷やし豆腐一丁そば」もオススメ。こちらは、豆腐が一丁丸々おそばの上にのっていて、豪快そのものです。

首都圏以外にも、ＪＲ下関駅・味一の「ふく（フグ）天そば」や、金沢駅・加賀白山そばで食べられる「白えびかき揚げそば」のように、地域性のある食材を使った駅そばも多く、奥が深い世界です。

なかでも、私の中でブームなのが、関西の駅そば。近鉄沿線の駅そば屋さんでよく見かける「かすそば」（かすうどんのそばバージョン）もおいしいし、大阪らしくネギを大量にトッピングできるお店もあって、私好みです。

これは個人的な印象ですが、最近、関西の駅そばのレベルがぐっと上がった気がします。

２００９年に阪神なんば線が全通し、阪神×近鉄の乗り入れが増えたことが一因なんじゃないか……と私はにらんでいます。というのも、駅そばといえば乗り換えのタイミングで急いでかっ込むものですが、乗り入れによる直通運転が始まったことによって、乗り換えのお客さんを見込めなくなったから。そこで、各店が味にこだわるようになったのではないか、と推測しています。

かくいう私も、駅そばにハマった結果、ついに「駅そばの旅」に行ってまいりました。東京をスタートし、関西、さらには四国・中国、九州まで足を延ばして駅そばを食べ歩く旅です。その途中、どこで関東風のかつおだしから関西風の昆布だしに変わるのかを自分の舌で確かめつつ、具の地域色を味わうことが目的です。

まずは、メニューは異なるけど同じ「常盤軒《ときわ》」という名前のお店が４軒もある品川駅からスタート。そこから南西へ進むと、最初におツユが明確に変わったのは熱海周辺でした。熱海駅から豊橋駅あたりまでは色でもわかるほど濃いツユが続き、三河安城《みかわあんじょう》駅からは薄くなりました。

名古屋周辺のきしめんゾーンを抜けると、米原駅からいわゆる関西風の薄味のかつおと昆布だしに落ち着きました。さらに鳥取を越え、四国に入ると風味が変わり、いりこの香りが印象的になりました。

九州のお店はほぼうどんがメインになっていたり、福井県は使用するかつお節の量が太っ腹だったりと、具や麺の違い、細かい地域性を語り始めると長くなるのでこのへんにします。が、フィールドワークの結論は、とにかく「駅そばは最高！」です。

［追伸］

残念ながら、素揚げの春菊天でおなじみのいろり庵高田馬場店は２０１９年の春に閉店しました。いろり庵の他店舗をはじめ、近年春菊天を出す駅そば屋さんが増えましたが、高田馬場店のような立派な素揚げを出すお店にはまだ出会えていません。

そんななか、素揚げではないものの、２０２０年現在のマイベスト春菊天そばは上野駅の７・８番ホームにある爽亭《そうてい》のもの。しっかりと苦味と食感が残る春菊天に、もちもちの麺と思わず飲み干したくなるかつおだしのおつゆ。ＪＲ東日本構内の駅そばのほとんどが、同社の子会社である日本レストランエンタプライズ（ＮＲＥ）が経営するなか、爽亭は非ＮＲＥの底力を見せてくれています。皆さんもご賞味あれ。

よもやま話
21／32

スタンプラリー（ガンダム篇）

鉄道とガンダム、どちらも好きという方って、意外と多いですよね。〝メカ感〟と情報量の多さが共通しているからでしょうか。私もその兼オタのひとりですが、２０１８年の１月から2月にかけて、面白いイベントが行なわれていました。

その名も「JR東日本　機動戦士ガンダムスタンプラリー　行きまーす！」。脳内で、アムロ・レイの声優を務めた古谷徹さんの声が聞こえてきそうなタイトルですが、これは、山手線エリアを中心とした65駅に、ガンダムのモビルスーツ、キャラクターを配置したスタンプラリー企画です。

それぞれの駅のイメージに合ったモビルスーツやキャラクターが配置されていて、例えば、王子駅に配置されているのはガルマ・ザビ。確かに、お坊ちゃんキャラのガルマは、ザビ家の男子のなかでも王子感がありますよね。

私が一番しっくりきているのは、品川駅のシャアです。品川って、〝赤〟がシンボルカラーの京急の駅があるんですよ。しかも、京急の電車は運行スピードが速いといわれています。まさに〝赤い彗星《すいせい》〟ではないですか……！　また、もうひとつのお気に入りは、松戸駅×ゾックの組み合わせ。私の中では、松戸は千葉のマッドシティ（マッドだけに！）。夜行くとゾックゾック（ゾクゾク）します。

そんな各駅のキャラ配置が発表されたとき、私のガンダム仲間の間で真っ先に話題になったのは東京駅でした。日本の中心ともいえるこの駅に配されたのは、なぜかコックのタムラ料理長。塩不足が体に与える悪影響を力説した彼ですから、「実はかなり重大な役割を果たしたのかも？」と一生懸命考察した矢先、拍子抜けの答えが出ました。後に、東京駅内外の飲食店でガンダムとのコラボメニューが発売されたんです（笑）。

そんな、ガンダム愛と大人の事情がない交ぜになったこの企画。面白いのは、いろんな駅がキャラクター配置について声を上げているんですよ。

例えば、市ケ谷駅は「各駅の希望をもとに決めているはずなのに、まったく希望していなかったアッザムがきた」というコメントを掲示していました。また、あの渋谷駅に置かれたのは劇中で1話しか登場していないザクレロという試作型モビルアーマー。

これに対する抗議の意味を込めたのか、渋谷駅は渋谷駅で、「新南口」というすごーく遠い出口にスタンプ台を置きました。「ザクレロでは、ハチ公口には置かないぞ」という強い意志を感じましたね（笑）。いい悪いはさておき、駅員の方たちが盛り上がっていることが伝わってきました。

18年のスタンプラリー参加駅には、羽田空港第1ビルなど微妙に行くのが面倒な駅も含まれていたんですが、厄介さで一、二を争ったのが西荻窪。参加駅のなかで最も西側にある上、休日は総武線しか止まらないのですが、ここに置かれたのがワッケイン……。もっとラスボスっぽいキャラだったらもっと早く行く気も出たんですが。

そんなこともあって、半分ほど回ったところで諦めそうになったものの、意地になって65駅をコンプリートしました。全駅を回るともらえるオリジナルガンプラに心惹かれたところもあります。

山手線をイメージしたデザインで、緑色に彩色すると山手線Ｅ２３５系っぽくなるんです。その完成形は……かつて国鉄時代に生まれた〝元祖ゆるキャラ〟である「シャダーン」

の緑色バージョンにしか見えないというところが、またツボでした（笑）。

よもやま話

22／32

スタンプラリー（１１５系篇）

国鉄時代の名車両、１１５系が、２０１８年3月に首都圏での定期運行を終えました。色のバリエーションが豊富な１１５系ですが、この年に姿を消すのはファンも多いオレンジと緑のカラーリングを施された〝湘南色〟の１１５系。私も「好きな車両は？」と聞かれた際には、この１１５系を挙げていました（実際は「長野色」と呼ばれるカラーリングが一番好みですが）。

もうずいぶん前から、ＪＲ東日本では高崎支社管内でのみ運行されていたんですが、高崎支社でも定期運行が終わり、長野のしなの鉄道や関西の一部の路線でしか乗れない車両になりました。

そんな１１５系の定期運行終了直前に、スタンプラリー企画が行なわれました。この企画、何がスゴイかというと、景品の豪華さ。１１５系で使われていた本物の吊り革や行先表示幕が抽選でプレゼントされたんです！　そうしたお宝グッズと同列のものとして、115系のゆるいイラストがプリントされた巾着やパスケースも景品になっており、当たり外れの落差は稀《まれ》に見るほど激しかったです。

　このスタンプラリー企画が行なわれていた、各駅の周辺の見どころを紹介します。まず、高崎駅はいわずもがなの湘南色パラダイスですね。湘南色の車両がわんさか走っている様子は、見られるうちにぜひ見ていただきたいです。

　その高崎駅から延びる上越線沿線にはたくさんの温泉地がありますが、私のオススメは水上駅の近くにある「みなかみ水紀行館」。ここは道の駅の中にある水族館なんですが、巨大な水槽の中を歩くことができるトンネル型の水槽があります。といっても、トンネルの長さは3、4mくらいしかない上に、「日本初の淡水魚のトンネル水槽」だそうで、アオウオやソウギョなどほぼコイ科の魚しかいない地味さ……。ドラマのデートシーンなどでよく見かけるトンネル水槽ですが、そんなキラキラ感はない〝日本一地味なトンネル水槽〟です。キラキラ苦手・淡水魚好きな私にはぴったりでした。

　上越線の渋川駅から分岐している吾妻《あがつま》線は、かつて「樽沢《たるさわ》トンネル」という日本一短い鉄道トンネルがあった路線です。このトンネルの全長は7.2mで、暗くなる間もなく抜けちゃうところが、なんとなくかわいかったです。八ッ場《やんば》ダムの建設に伴い、この樽沢トンネルルートは廃止されてしまいましたが、新ルートになってからはまだ私も乗っていないので、これを機に乗り鉄しに行こうかと思っています。

ほかにも、花畑で有名な両毛線の足利駅や、信越本線の横川駅、東海道本線の藤沢駅などにスタンプが置かれていたのですが……。地理に明るい方はもうおわかりのように、ものすごく範囲が広いです（苦笑）。それぞれの駅にたどり着くまでが、ほとんど半日がかりの旅。とりあえず私は品川、大宮、高崎などの行きやすい駅だけ回ったんですが、遠方の駅になると1時間に1本くらいしか電車が来ませんから、各駅で降りてスタンプを押すのは至難の業。全駅制覇には遠く及びませんでした。

しかし、鉄道系のスタンプラリーには、大人の意地と欲望をかき立てるものがあります。「車を使って回ればいいよ」という悪魔のささやきに耳を貸すべきか、常に悩んでいます（笑）。

よもやま話 23／32

高輪ゲートウェイ駅

２０２０年３月14日、東京のＪＲ山手線内に新しい駅が生まれます。場所は今の品川駅～田町駅の間で、同路線では１９７１年開業の西日暮里駅に続く30個目の新駅です。しかし、その名前が「高輪ゲートウェイ駅」……。私が一番懸念していた〝キラキラネーム〟です。

この名称は公募によって決まったものですが、公募での順位が低かったこの駅名をなぜ採用したのか、と疑問視されている向きもあります。決まったことにはとやかく言いたくありませんが、私も公募していた当時、いくつか駅名を考えていました。

一番わかりやすいと思ったのは、周辺の地名にちなんだ「港南駅」や「高輪駅」。ただ、「港南駅」だと横浜の「港南台駅」と混乱するし、「高輪駅」だとイメージする場所と現実の駅が遠すぎる気がします。

あとは「泉岳寺駅」。ここもすでに周辺に都営地下鉄／京急に同名の駅がありますし、個人的には、ＪＲ東日本が他社の駅名にそのまま乗っかるイメージがありません。

ちなみに、駅名は鉄道会社によってなんとなく傾向があります。ＪＲ西日本の駅名は、私鉄の「○○駅」に対して「ＪＲ○○駅」が多いので、この法則でいくと「ＪＲ泉岳寺駅」。名鉄だったら「新○○」が多いので、「新高輪駅」とつけそうです。

一方のＪＲ東日本は、西日暮里駅ができた当時は方角を入れることが多かったみたいですね。それでいくと、「北品川駅」がわかりやすいんですが、実は同名の駅がすでに京急にあります。また、国分寺駅と立川駅の間に造られたことから、両方の文字を取った「国立駅」の例に倣うと、「品田駅」になるでしょうか。なんだか字面的に「口」が多すぎますね。

近年のトレンドを考えると、確かにカタカナの駅名も十分にありえました。しかも、オリンピックを見据えた〝キラキラ系〟の名前になる恐れがあることは、最初から想定していました。例えば、この一帯は芝浜と呼ばれる土地だったので、「サウスポート○○駅」とか「ピア○○駅」とか。そもそも、駅を含む一帯の再開発を手がけるＪＲ東日本が掲げていたコンセプトが「グローバル ゲートウェイ 品川」ですから、このへんの横文字は要注意だったんです。

これに似た流行の言葉が入ったとすれば、「グリーンシティ○○駅」「サスティナ○○駅」「エコシティ○○駅」といった名前。特に〝シティ〟は、小池百合子都知事の「3つのシティ」戦略とも共鳴しています。

ちなみに、私が唯一許せると思っていたキラキラネームは、「高輪」を横文字にした「ハイループ駅」。「ハイループ」という観覧車も駅前に造って、周辺をにぎわせてほしかったです。悪ノリに聞こえますが、私は本気でした。

実は、このときの公募には私も2案、応募しました。ひとつは「みなと高輪」。近隣の地名の高輪と港南をミックスし、所在地の港区も連想させて高級感を演出してみました。さらに〝みなと〟をひらがなにして、多少キラキラ感もプラス。ひらがなはカタカナと並ぶ今のトレンドですからね。

もうひとつは「車両センター跡駅」。新しい駅が建設された場所には、かつて「田町車両センター」という車両基地があったので、その記憶を次代に残すためです。これがＪＲ東ではなく、武骨な駅名が多い京急なら、この「車両センター跡駅」もありえたかもしれません。あるいは「旧京急本社前駅」とか。２０１９年まではここに京急の本社があったんですよ。
なんにせよ、私はこういう実務的な、そっけない駅名のほうが好きです。

よもやま話

24／32

京浜急行の駅名

前項で、品川新駅の駅名募集に応募した際の顚末《てんまつ》をお話ししました。その後、まさかの「高輪ゲートウェイ駅」という名称に決定した際は、鉄道好きのみならず各方面から批判が起こりました。

ただ、ＪＲ東日本が新駅の名前を〝カタカナキラキラ系ネーム〟にしたがっていたことは、当時の公募内容を読めば一目瞭然《いちもくりょうぜん》です。応募数が多かった「高輪」「芝浦」「芝浜」といった古典的な駅名が選ばれなかったのもある意味当然だったのかもしれません。だからこそ、私はキラキラ系ネームになるかもしれないという警鐘を鳴らした上で、程よい駅名を応募したのに、結局はこの結果になったことが悔しいです。自分の無力さを突きつけられた感じですかね。

でも、しばらくして「高輪ゲートウェイ」でもいいかな、と思えるようになりました。おそらく今後「高輪ＧＷ」と省略されることも多くなると思うので、〝ＧＷ〟を「ゲートウェイ」ではなく「ガンダムウイング（『新機動戦記ガンダムＷ』の略称）」と脳内変換することにしました。高輪ガンダムウイング駅。うむ、カッコいい。

さて、ここからが本題です。２０１８年から19年にかけて、京浜急行が「わがまち駅名募集！」と銘打ち、大規模な新駅名募集をしました。なんと、対象は京急全線にわたる72駅。さらに、応募資格は沿線の小中学生限定……。自分の子供の頃の発想を振り返ると、不安しか感じません。

72駅が対象とはいえ、この公募を受けて実際に駅名が変わったのは４駅のみ。その駅名は後でお知らせするとして、公募の段階から、駅名変更を予定していない駅も発表されていました。

まず、品川駅や京急蒲田駅など、他社線との乗り換え駅として広く認知されている駅名。そして鮫洲《さめず》運転免許試験場がある鮫洲駅や川崎大師がある川崎大師駅など、著名な公共施設、神社仏閣に近い駅です。確かにこうした駅の名前が変わってしまうと混乱を招きそうですね。なぜか「ＹＲＰ野比《のび》駅」も変更を予定していない駅のなかに含まれていたのは意外に感じましたが。

一方、絶対に変えると告知されていたのが「産業道路駅」。駅前を通る神奈川県道6号東京大師横浜線、通称〝産業道路〟に由来した駅名です。この駅前には道路7車線分、なんと36mにわたる大きな踏切があって、「日本一長い踏切」といわれていました。しかし、この付近の線路が地下化され、この名物の踏切もなくなってしまいました。そうした路線リニューアルを踏まえた駅名変更ということだと思います。

そもそも、鉄道の駅名は地名に由来するものが圧倒的に多いんですが、産業道路駅のように、京急には構造物や公共性のある場所にちなんだ個性的な駅名が多く存在します。

まず、公共性のある場所に由来する例としては「青物横丁《あおものよこちょう》駅」があります。その名のとおり、江戸時代から昭和初期まではここに野菜や山菜を売る市場があったそうです。「梅屋敷駅」も、かつて数百本の梅を植えた大庭園を持つお屋敷がこの地にあり、往時は一般の行楽客のみならず徳川家将軍や明治天皇も立ち寄ったそうです。ただ、青物横丁も梅屋敷もとっくに姿を消している上に、地名としても残っていないので、いつ駅名が変わってもおかしくありません。

同様に、すでに地名としては残っていない雑色《ぞうしき》村という村の名前を冠しているのが「雑色駅」。雑色は鎌倉時代の役人の階級にちなんだ歴史ある地名ですが、村は明治時代になくなった上に難読なので、常に変更の可能性はあると思います。こうした難読駅名が多く存在するのも京急の魅力なので、いつまでも変わってほしくはないんですが。

そんな個性的な駅名が目立つ京急ですが、一見なんの変哲《へんてつ》もない駅名だけど、実は特異な由来を持つのが「鈴木町駅」です。味の素の創業者、鈴木三郎助さんにちなんだ駅名なんですけど、これまでにかなりの紆余曲折《うよきょくせつ》をたどっています。

今でもこの駅の周りは味の素の工場で占められているんですが、もともとは駅も「味の素前駅」として開業しました。しかし、戦時体制下で社名が大日本化学工業に変更されると、駅名は鈴木町駅に改められました。駅が開業した後、この周りは鈴木家にちなんで鈴木町という地名になっていたからです。そして戦後、社名は現在の味の素になったんですが、駅名はそのまま使われた――と、なんとも複雑な歴史があります。

私は味の素の工場に見学に行った際にこの歴史を知ったんですが、こうした近代史にちなむ駅名は珍しいので、今後もぜひ残してほしいですね。

また、〝駅名って面白いな〟と思う入り口になりそうなのが「北品川駅」。ＪＲの品川駅の南側にあるのに〝北〟とついている不思議な駅です。もともとは東海道五十三次のひとつ、品川宿の少し北にあることからこの駅名がつけられました。一方の品川駅は、明治初期に２年だけ存在した品川県に由来しますが、現在の地名では港区高輪になります。なので本来は、ＪＲの品川駅の駅名を変えるべき、という見方もできますね。

近年、京急は沿線のマンション開発に力を入れており、住宅地としてのイメージアップを狙っているようです。そのあおりで、大人の夜の街のイメージがある「黄金町《こがねちょう》駅」や「日ノ出町駅」が、「のげプラーザ駅」や「京急動物公園駅」になったらショックです。

さて、２０１９年に発表された「わがまち駅名募集!」の結果ですが、２０２０年３月14日に次の４駅が名称変更されます。

●産業道路駅→大師橋《だいしばし》駅
●花月園前駅→花月総持寺《かげつそうじじ》駅
●仲木戸駅→京急東神奈川駅
●新逗子《ずし》駅→逗子・葉山駅

産業道路駅がなくなってしまったのはやっぱり寂しいものの、思ったより小さい変更でよかったなという感想です。しかし、歴史のある「仲木戸駅」が、「京急東神奈川駅」という〝ＪＲ全乗っかりネーム〟になったのは少し残念です。ただ、葉山から１㎞も離れているのにもかかわらず、「新逗子駅」から「逗子・葉山駅」に変更し、葉山ブランドにあやかろうとする京急の野心には脱帽です。

全体的に見ると、どうせ小中学生から募集したのなら、いっそのこと「追浜駅」↓「おっぱい駅」、「金沢文庫駅」↓「金沢うんこ駅」など、絶対に応募の多そうな〝おバカ駅名〟を採用して、駅名を子供から募るという企画を反省してほしかったです。

よもやま話

25／32

車内販売

新幹線や特急列車で行なわれている車内販売のサービス。カートが横を通ると、つい手を伸ばしてしまう方も多いのではないでしょうか。しかし近年、サービス縮小の動きが加速していて、いくつもの路線で車内販売が廃止されているんです。

２０１９年の上半期には、ＪＲ北海道とＪＲ四国で、一部の観光列車を除いてすべての車両でサービスが終了しました。ＪＲ東日本やＪＲ九州でも、どんどん減っています。

さらに、車内販売は続けるものの、お弁当やサンドイッチがカートから姿を消すというパターンも増えています。特に、ＪＲ東日本が運営する東北新幹線、北陸新幹線、上越新幹線や一部の特急において、ポットで提供していたホットコーヒーの販売が終わってしまったことは、私にとって大きな痛手でした。車内で入れてもらうコーヒーが定番だった私は、「ついにここまできてしまったか」と、車内販売にトドメを刺された感さえ抱きました。

こうしたサービス縮小の理由は、駅ナカの店舗が充実したことにより、車内販売の売り上げが減少していることにあります。確かに私自身、商品が少なく、何か欲しいときに限ってなぜか来てくれない車内販売より、駅構内のお店で済ますことが増えていたので、複雑な心境です。

でも、車内販売って路線ごとに個性があって、本来すごく面白いものなんですよ。例えばカートの形状。カーブの多い北陸新幹線では重心が低くなるように設計されていて、車体に手や体がぶつかっても傷つかないように、角にゴムの緩衝材がつけられているんです。さらに、上越新幹線の「Ｍａｘとき」などの2階建て車両では、エレベーターに載せるためにカートがかなり小さめに作られています。

そして、アテンダントさんの違いにも注目です。車内販売の商品はそれぞれのアテンダントさんが積むので、陳列に個性と工夫が表れるんです。例えば、左右対称にきっちり同じ商品を積んでいる人。これは、両側の座席の客に同じ商品を見せるためですね。逆に、あえて左右で別の商品を積んでいる人もいます。行きと帰りで別の商品を見せる工夫です。

最近では、手書きポップを商品につけているのを見かけたりもします。アテンダントさんが実際に書いているのかはわからないんですが、手書き風のメニューは見ているだけで楽しくなります。

ちなみに、「車内販売で買いたいけど、眠たいな〜」というときってありますよね。そういう場合は、財布や小銭をテーブルの上に置いておくと、アテンダントさんがこちらに向かってやんわり声をかけてくれたりします。私は、いつも２００円くらいを積んで待っていますね。

さらに、窓際に座っていてアテンダントさんに声をかけづらいときは、おもむろに小銭をチャリンチャリンと鳴らしてみてください。これだけで意外と気づいてくれたりするんです。車内販売のアテンダントさんって、ある意味で〝ハンター〟なので、お金の動きにものすごく敏感なんですね（笑）。

路線ごとの商品の違いも、車内販売を利用する楽しみのひとつです。例えば、北陸新幹線はご当地の〝干物〟が充実しています。「ホタルイカの素干し」なんかは、ちゃんとワタが入っていてすごくおいしいです！　ほかにも「スルメイカの素干し」や「白エビの姿干し」なども売られています。

また、ご当地感があるおつまみが多いのは秋田新幹線。「秋田しょっつる あたりめ」や「いぶりがっこ スモークチーズ」など、秋田県の名物がそろっています。お土産にもってこいの車内販売といえば、東北新幹線の「乾燥ホヤ」（商品名は「ほや酔明《すいめい》」）。キャラメルの箱のようなパッケージに入っているので、大量に買って配るのにぴったりです。ただ、私はいつも買った瞬間に、クセで箱を開けて食べてしまうんですが（苦笑）。

ちょっと珍しいのが山陽新幹線の「ブラックペッパー焼あなご」。甘めの味つけなんですが、ブラックペッパーがかなりしっかり効いていておいしいです。見た目も〝穴子感〟が残っているので、贅沢な気分に浸れます。

私が一番よく利用する東海道新幹線も特徴のあるラインナップになっています。あまり知られていなくてオススメなのは、オーボンヴュータンの「プティ・フール・セック」。オーボンヴュータンは、東京の尾山台に本店がある洋菓子の有名店ですが、その焼き菓子の詰め合わせが新幹線車内で買えます。ほかにも、知る人ぞ知るお菓子屋さんの商品が販売されています。

また、午前8時半までに出発する車両では、モーニングセットを購入することができます。お得なワンコインモーニングでは、サンドイッチかおむすび弁当とコーヒーやお茶のセットが５００円と、かなりお安いです。車内にいながらにして、モーニングの聖地・名古屋っぽさを味わえます。

私のイチオシは、コーヒー券。通常のホットコーヒーは３２０円、アイスコーヒーは３３０円なんですが、コーヒー券は５枚つづりで１３５０円。１杯当たり50円〜60円もお得になっています。味もあっさりしていて、車内でのひとときにはもちろん、食後にもちょうどいいです。さらに、コーヒーと一緒にアイスクリームなどを買うと、50円引きになります。私はホットコーヒーとアイスを買って、カチカチのアイスの上にコーヒーをかけて食べるのが好きです。

この東海道新幹線でも、「のぞみ」と「ひかり」では車内販売が継続されていますが、「こだま」は２０１２年春に廃止されました。経営的に仕方がない判断なのでしょうが、思わずカートをのぞきたくなるワクワク感が減るのは寂しいです。

以前、東京から大阪へ向かう際、大雨の影響で８時間もかかったことがありました。最近は車内販売で駅弁を買うことがなかったんですが、久々にお弁当を購入して「車内販売があってよかったな」と思いました。

こうして全国の路線で車内販売が縮小・廃止の動きを見せるなか、小田急電鉄のロマンスカーでは、販売員用に携帯通訳機の「ポケトークW」が導入されました。インバウンド需要の増加に対応するためです。そうした観光向けの強化はうれしいのですが、やはり普段使いできる車内販売の灯《ひ》が消えてほしくないので、私も微力ながら車内販売の利用に励みたいと思います。

よもやま話

26/32

鉄道の音

鉄道の魅力のひとつに、一見似ているようでも小さな違いを発見できる楽しさがあります。そんな楽しみを提供してくれる最たるものが「音」です。ちょっとした音で、車両のメカニズムだけではなく、路線の特徴や季節まで感じ取れます。

ジョイント音、発車メロディ、車内アナウンス、ブレーキの緩解《かんかい》音と、鉄道にまつわる音はすべて味わい深いですが、やはりモーター音は別格です。例えば、通称「吊り掛けモーター」と呼ばれる、ひと昔前の技術が用いられたモーター音。「ゴゴゴゴゴゴ」と地の底から湧き上がるような音がして、はっきり言ってうるさいです（笑）。

大阪の阪堺《はんかい》電車では、この吊り掛けモーターを使った１９２８年製の古い路面電車がまだ走っています。しかし、吊り掛けモーターは今ではどんどん姿を消していて、２０１９年７月にも箱根登山鉄道１０３-１０７編成が引退しました。

そんななかでも、現役で走っている車両のイチオシが「四日市あすなろう鉄道」で運行している近鉄２６０系電車。線路幅が約76㎝しかないナローゲージなので、車両はかなり小ぶりです。パステルカラーに塗られているかわいらしい見た目と、吊り掛けモーターの重厚な響きのコントラストがたまりません。

モーターだけではなく、インバーターの音にも特徴が出ます。「ドレミファ」の音階で音が上がっていく京急の通称「ドレミファインバーター」が有名ですが、私が好きなのは通称「墜落インバーター」。ＪＲ東日本のＥ２３１系１０００番台（湘南新宿ラインや東海道本線に使われている、銀色の車体にオレンジと緑色のラインが入っている車両）にこの墜落インバーターが採用されています。

普通、インバーターの音は加速するに従って「ウィーン⤴」と磁歪《じわい》音の音程が上がっていきますが、この墜落インバーターはある段階で「ヒューン⤵」と下がるんです。音が下がっていく理由、メカニズムはわかるんですが、なぜＥ２３１系の１０００番台だけ違う音がするのかは不明です。ドレミファインバーターは、インバーターが発する磁励《じれい》音と呼ばれるノイズを遊び心で音階に調整しているので、おそらく墜落インバーターも意図的にやっているんじゃないかと思います。ご存じの方、教えてください。ちなみに近頃はインバーターが更新されており、１０００番台のなかでも音が墜落しない車両が増えているので、今のうちに耳を澄まして聴いてみてください。

それから、最近ハマっているのは停車時の音。ブレーキの音とは別に「ぷ〜ん」っていう音が鳴る車両があり、その音を集めています。東急５０００系とかつくばエクスプレス２０００系などなど、この音を出す車両はけっこうあって、聴くたびになんだかうれしくなります。

「わー」って人が叫んでるような、電気的なブレーキ音の響きが楽しい京王７０００系も「ぷ〜ん」と音が鳴る車両だと気づき、ますます面白いです。この音は、全電気ブレーキの影響で発生しているそうですが、「聞けたらラッキー」と思って、電車が止まった後の音に注目してみてください。日々の通勤が少し楽しくなるかもしれません。

音鉄的に聴きどころの多いのが、大阪の「長堀鶴見緑地線」。この路線は、電車がホームに入ってくるときの接近メロディが大阪弁のイントネーションに近いメロディになっていることで知られています（気になる方はネットで動画を探して確認してみてください）。

この長堀鶴見緑地線は発車メロディも個性的です。電子的なメロディの後に、突然「ハァー」と人の声のような音がするんです。しかもいろんな音が一緒になっているから、とにかくうるさい。これを私は天使の声だと思って聴いているんですが、人によっては不気味に感じられるようです。なかには「死者の声だ」とホラーのようなことを言っている人も……。

ちょっとうるさめのブレーキ緩解音や、リニアモーターの甲高い加速音。長堀鶴見緑地線はどの音も特徴的で、さまざまな音が混じり合っているのでシンフォニーのようです。

海外でオススメなのは「ブダペスト地下鉄1号線」（ハンガリー）。開業は１８９６年と古く、電気運転の車両としては世界初の地下鉄になります。

今より技術がなかった時代の地下鉄だけに、地上からの深度は浅く、車両もかなり小ぶりです。通常、電車のモーターは床下に設置されていますが、この地下鉄は車両の高さを確保するため車両間の連接台車の上に機器室を置くというかなり特殊な構造になっています。ちょうど立っている人の耳の高さにモーターがあるので、複雑な音が聞き取りやすいです。『タモリ倶楽部』（テレビ朝日系）で出演者が耳を床につけてモーター音を楽しむ映像を見たことがあるかもしれませんが、この電車なら床に這わなくてもダイレクトにモーター音を楽しめますね。小ぶりな車両に合わせた小型のモーターで、どこかおもちゃっぽく、軽快な音が魅力的なんです。

ほかにも好きな鉄道の音はたくさんありますが、なんだかんだいって好きなのは、寝台列車の音かもしれません。自分で録音した、ブルートレインの発車時から到着時までの音を聴きながら寝ると、自宅のベッドが寝台列車になります。

しかも、ちょうど目覚めるタイミングで朝のチャイムの音が鳴るんですよ。『ハイケンスのセレナーデ』というクラシックの曲らしいんですが、このチャイムに続いて「皆さま、おはようございます」という車掌さんの声を聴くと、とても気持ちよく起きられます。寝台列車が走っていた頃の幸せな気分が蘇《よみがえ》ってきて、切なくもありますが。

ちなみに、私は列車の音や動画を録《と》るのが趣味です。以前はモハラジオと呼ばれる聴診器のような装置で録っていたこともありますし、今でもたまに専用の録音機を使うこともあります。ただ、ここ数年で羞恥心が芽生えたのか、そうしたものを持って録っていると、不意に人の目が気になることがあります（苦笑）。

そんな私が今、重宝しているのはスマホの動画機能。なぜかボイスメモよりもいい音質で録音できるような気がします。これならスマホを持っているだけなので不審がられずに済むし、音活がはかどります。

よもやま話 27/32

東京の鉄道遺産

東京都内に現存する〝鉄道遺産〟とも呼ぶべき名所をご紹介します。

まずは東武スカイツリーラインの「浅草駅」。この駅は立地がとても独特で、デパートの松屋浅草の２階にあります。駅と百貨店が一体化したいわゆる駅ビルは、今では当たり前のものになっていますが、浅草駅が竣工《しゅんこう》した１９３１年当時はまだ国内２例目という最先端の施設でした。

デパートと駅が融合する場合、たいてい地下か1階がホームになるので、東武浅草駅は今でも珍しいケースです。ちなみに、駅ビルは日本が発明したものですが、現在はヨーロッパでも日本の駅ビルをモデルにした施設が少しずつ造られるようになっています。

この浅草駅は、造られた当時はネオルネサンス様式の美しい外観を誇っていたんですが、70年代に外装の剥落を防止するために外観をアルミルーバーで覆ってしまいました。その約

40年後、スカイツリーの開業に合わせた改修工事によって再び当時の姿が見られるようになりました。

また、浅草駅はホームがかなりカーブしていることも面白いところで、乗降の際は車両とホームの隙間が開いていて怖いくらいです。駅を出た電車が90°近く曲がって隅田川を横断するのもダイナミックな光景です。

ふたつ目の鉄道遺産は、都電荒川線三ノ輪橋停留場の「旧王電ビル」。かつて、王子電気軌道という会社が王子電車と呼ばれる路線を運営していましたが、それを東京都が買収したものが今の都電荒川線です。その王電の本社だったのが、この旧王電ビルなんですね。

三ノ輪橋停留場のすぐ目の前にあるこのビルは、1階部分がトンネル状の造りで、電車を降りた客が通り抜けられるようになっています。中は小さな商店街になっており、飲食店などが営業しています。現代の駅ビルの先駆け的な存在といってもいいんじゃないでしょうか。

この辺りも徐々に新しい建物が建つようになってきましたが、第2次世界大戦前のにおいを漂わせる旧王電ビルのたたずまいは、ひときわ存在感があります。

最後にご紹介するのはＪＲ東日本の「御茶ノ水駅」。都内の歴史ある駅舎といえば東京駅ばかりがクローズアップされますが、この御茶ノ水駅も重要です。シンプルな機能美を追求した設計こそこの駅が名建築たるゆえんです。

１９３２年に竣工した現在の御茶ノ水駅は、日本で初めてモダニズム建築を様式に取り入れた駅舎だといわれています。その特徴は、真っ白な外観、直線的なデザイン、水平に並ぶ真四角の窓などに見られます。さらに、コンコースや待合室がなく、構内まで最短距離で行けるという合理的な動線も当時としては画期的でした。また、神田川を挟んで反対側にある地下鉄丸ノ内線の御茶ノ水駅も、すごく機能的で無駄のない設計です。この辺りは勾配も多く、割と複雑な地形なんですが、その地形に沿ってモダニズム建築が配置されているさまはドラマチックですね。

実は今、ＪＲ御茶ノ水駅は大規模な改良工事が行なわれており、２０２３年には聖橋口が新しい姿に生まれ変わる予定です。今のうちに見ておきたいですね。

海外篇

海外篇

28/32

ヴッパタール空中鉄道

２０１８年に、ドイツのヴッパタールという街に行ってきました。ドイツ西部の小さな街ですが、お目当ては「ヴッパタール空中鉄道」。懸垂式モノレールと呼ばれる鉄道の一種で、１９０１年に開業してから市民の足として使われている、現役としては世界最古のモノレールです。

レールに車両がぶら下がる形の懸垂式モノレールは、日本とドイツにしかない珍しい方式で、日本には湘南モノレールや千葉都市モノレールなどがあります。なかでも、ランゲン式という方式を採用したモノレールは世界中でこのヴッパタール空中鉄道しかありません。

ネットなどで画像検索していただければわかるんですが、レールの片側からフックのようなもので車両を引っ掛けているのが特徴です。さらに、レールも車輪も鉄製であることがこのランゲン式の最大のポイントになっています。

そしてもうひとつの特徴が、フランジの形状。フランジとは、鉄道の車輪についている出っ張りのことで、このフランジによって車輪がレールから脱輪しないようになっています。通常は車輪の片側だけについていますが、このランゲン式のモノレールでは車輪の両側にフランジがついているんです。

だから安全性が確保されてはいるんですが……。走行中は、ものすごく揺れます。なぜなら、カーブのたびに車両自体が振り子のようにぶらんぶらん揺れるから。そもそもこの沿線にはカーブが多く、従来の鉄道ではその遠心力に耐えられないゆえ、車体が振り子のように傾斜することで遠心力を吸収できるこのランゲン式が採用されました。

——と、まるで自分で乗ってきたかのように偉そうに語ってしまいましたが……。実は、ドイツまで行ったのに、このヴッパタール空中鉄道には乗れませんでした！　なんと、私が行く前の週に部品が損傷したらしく、年内いっぱいは運休となっていたんです。

そんなことはつゆ知らず、ホテルの人に「どこから乗ればいいですか？」と尋ねて、「え!?　運休してますよ」と言われたときの絶望感ったらなかったです。後でドイツの友人に調べてもらったら、ドイツ語のニュースは出ていたようなんですが、英語や日本語ではそんなニュースは見かけませんでした。

仕方がないので街中を歩き回ったんですが、石畳の残る古い街の頭上を鉄道のレールが走っている光景は、まさにスチームパンクの世界観。また、起伏が多くて道幅が狭いこの地形に鉄道を造るためには、空中を走らせるしかなかったということも、自分の歩いた感覚でわかりました。路線のほとんどが川の上を走っており、見た目は奇抜な逆V字形の線路の支えが、新たな土地がいらないデザインなのも一目瞭然でした。

ここはほんとに小さな街だけあって、ヴッパタール空中鉄道は街のシンボルになっており、至る所でこの鉄道のシンボルマークやお土産を見かけました。私も模型や絵葉書、まったくかわいくないぬいぐるみなど買ったんですが……。一生で一回行けば十分という何もない場所。憧れのヴッパタール空中鉄道に乗るためにまた来ないといけないと思うと、ちょっとため息が出てしまいます。

海外篇

29／32

フランス国鉄

２０１７年にエマニュエル・マクロンが大統領に就任して以来、フランスではその改革路線に対する大規模なデモやストライキがたびたび行なわれています。なかでも、２０１８年春のフランス国鉄（ＳＮＣＦ）職員によるストは、〝フランス史上最大のスト〟ともいわれ、３ヵ月にわたって断続的に行なわれました。

その結果、ＳＮＣＦの民営化や市場開放を含む改革案が議会で可決され、大きく組織が変わることになりました。今回は、そんなＳＮＣＦについて語りたいと思います。

フランスでは、鉄道はほぼＳＮＣＦが独占しているので、フランスの鉄道＝国鉄と思っていいと思います。ただし、ヨーロッパの国々は地続きになっているので、パリの駅には他国の列車もたくさん入ってきて見応えがあります。また、フランスではＬＲＴと呼ばれる軽量で利便性の高い路面電車がたくさん走っている一方、地下鉄は古くて個性的な駅舎が残っていたりします。トンネル内にグラフィティががんがん描かれていて、走行中はパラパラマンガのように見えたりするのも面白いですね。

そんなフランスの鉄道のなかで、特に有名なのがＴＧＶ。日本の新幹線にあたる高速鉄道なんですが、最高速度５７４・８キロを記録した世界最速の鉄道です（車輪のないリニアなどは除く）。通常営業時も、当たり前のように３００キロ以上の速度で走っています。走行中に速度を表示しているモニターを見ると、あっという間に３２０キロ台になっていて、「レーシングカーかよ！」と毎回興奮します。

日本の新幹線との構造的な一番の違いは、車両の下の台車が2車両にまたがって設置されているところ。動く姿がイモムシみたいでかわいいんですが、この「連接台車方式」のおかげで、軽さと安定した高速移動が両立できているんです。

それでもけっこう揺れるので、新幹線に慣れている方は、初めはびっくりするかもしれません。ただ、シートピッチが広く、食堂車もあるので快適に過ごせますよ。

もうひとつ、新幹線との面白い違いは、ＴＧＶには「Ｏｕｉｇｏ《ウィゴー》」という格安バージョンが存在していること。ＳＮＣＦが２０１３年に導入した新ブランドで、通常のＴＧＶより料金が安い分、車両が前の世代のものだったり、予約や問い合わせをインターネットでしか行なっていなかったり、手荷物には追加料金がかかったりします。飛行機でいう格安航空会社（ＬＣＣ）に近い印象でした。

もともと、新幹線とほぼ同じ価格帯のＴＧＶに対しては「値段が高い」という批判があったので、低価格のウィゴーが誕生したといわれています。それでもなお、「こんなに高いのにＳＮＣＦが赤字なのはおかしいだろ！」という怒りの声があり、今回の民営化につながりました。

現在、ＳＮＣＦは5兆円の負債を抱えており、職員への厚遇ぶりも批判にさらされています。ＳＮＣＦの職員は、基本的に終身雇用で有給も多く、医療費無料、家族も運賃が大幅に割引されたりします。18年のＳＮＣＦ職員によるストは、こうした権利を守るためのものでした。

21年に市場開放されることが決まっているＳＮＣＦ。今後どう変わっていくのか注目です。

海外篇

30/32

シドニーモノレール

2019年、仕事で初めてオーストラリアのシドニーに行きました。世界遺産にも登録されているオペラハウスや、シドニー港の景観などが有名ですが、古い建物もたくさん残っていたのが意外でした。この辺りは約200年前にイギリス人が最初に入植した土地で、古くからある建物の隣にちょっと変わった新しいビルがあったりして、面白かったです。

そんななか、ダーリングハーバーという港の目の前に不思議な構造物を見つけました。調べてみると、なんとモノレールの廃駅。1988年から2013年まで、「シドニーモノレール」という路線が存在していたようです。

今はレールも撤去されましたが、このダーリングハーバー駅だけ残されているので、「過去の遺産を大事にしてるんだな」と思いきや……。実はこのシドニーモノレール、運行していた頃は市民から相当批判されていたようです。

なぜなら、単線の一方通行で、地元民にとっては使い勝手の悪い場所にしか止まらない上に、景観を損ねる、おまけに料金がバカ高い。英語の記事を読むと「高くて、目障りな、行き先なしの電車」とか、「モンスターレール」などと、散々な言われようでした。
『ザ・シンプソンズ』で街にモノレールを造ろうとするエピソードがあるんですが、最終的には住民からすごく嫌われて素手で壊されてしまいます。そのストーリーと同じことが現実に起こっていたことに衝撃を受けました。

それでも、取り壊しの日ともなれば〝追悼動画〟を撮る人もいたんだろうと思って探してみたんですけど、出てきたのは『パワーレンジャー』のコスプレをして街を練り歩く人の動画だけ。パワーレンジャーは、日本のスーパー戦隊シリーズを英語圏でローカライズした特撮テレビドラマで、私も小学生の頃は大好きでした。実はこのドラマにシドニーモノレールが出てくるので、ファンの間では聖地化していたようです。パワーレンジャーファンのほかには、取り壊しを惜しんでくれる人はいなかったようですね。

でも、ありし日の動画や画像を見ると、目障りどころかカッコいいんです。このモノレールは、レールの上を車両が走る「跨座《こざ》式」と呼ばれる方式ですが、割と低い所を走っていて、場所によっては建物の中を突っ切っている箇所もあったようです。都市と一体化しているところに、昔のＳＦのようなレトロフューチャーな趣を感じました。運行しているときに乗ってみたかったですね。

さて、そのほかのシドニーの鉄道事情は、24時間走っているＬＲＴの路線があったり、地下鉄も在来線もほぼ2階建ての車両を使っているという特徴がありました。

日本にも2階建ての車両があるにはあるんですが、スピードが出せない上に乗客の乗り降りに時間がかかることから、どんどん廃止の方向に向かっています。だから、地下鉄まで2階建てになっているシドニーの交通事情は面白かったですね。

シドニーは日本と時差が1時間しかなく、南半球に位置するので、日本の寒い時期は逆に暖かいという土地です。ラム肉や海鮮もおいしいし、旅行先としてはかなりいい街だなと思いました。

海外篇

31／32

ドイツの蒸気機関車

ドイツには親友がいることもあり、何度も訪れて電車に乗っています。ドイツは日本と並ぶ鉄道大国ですが、そのなかでもお気に入りの古い蒸気機関車をご紹介したいと思います。

まずは「メクレンブルク保養地鉄道」。ドイツ北部のバルト海沿岸を走る15・４㎞の短い路線で、ここを走っているＳＬは「モリー」という愛称で親しまれています。モリーとはドイツ語でふっくらした女性を指す言葉なんですが、この鉄道はまさにずんぐりむっくりのかわいらしい見た目をしています。

戦前からある99形のＳＬのなかでも、このモリーは車輪が大きいＤ型タンク機がつけられています。対して線路の幅は９００㎜のナローゲージなので、この独特のアンバランス感が生まれるんですね。

モリーに乗って一番びっくりした点は、商店街のど真ん中を走っているところ。石畳の路地では、店の軒先でビールを飲んでいるおじさんとハイタッチできそうでした。１９３２年製のＳＬで石畳の街を抜け、目的地はレトロな海水浴リゾート。19世紀の鉄道の旅ってこんな感じだったのかと想像が膨らみます。

次のお気に入りが「レースニッツグルント鉄道」。ドイツ東部のドレスデン郊外にはなぜか線路幅７５０㎜のナローゲージ路線がいくつか残っているんですが、これもそのひとつです。

この鉄道は運行速度がすごく遅くて、16・６㎞の距離を30分かけて走ります。沿線はものすごく風光明媚《ふうこうめいび》な場所で、森や湖、いくつもの橋を通り過ぎていきます。バロック様式で有名なモーリッツブルク城の近くも通ります。

ただし、私のオススメは始点のラーデボイル・オスト駅を出てすぐの所にある、路面電車との平面交差。ここをＳＬが通る際、路面電車が遮断器の前で止まって待つんです。その姿がもう愛しくて。

日本の愛媛・松山にも「ダイヤモンドクロス」と呼ばれる電車と市電の交差がありますが、これはもはや「プラチナクロス」と言っても過言ではありません。そういえば、松山にはＳＬを模した坊っちゃん列車も走っているし、ドイツって〝ほぼ松山〟なのかもしれません。

最後にご紹介するのが「キームゼー鉄道」。ミュンヘン郊外の湖の近くを走るたった１・91㎞の短い路線ですが、ここを走るＳＬも速度が遅くて、８分かかります。歩いてもいい距離なんですが、みんな湖に行くためにこの列車に乗っていたので、ちゃんと公共交通機関の役割を果たしているようでした。

このＳＬは世界最古のスチームトラムで、なんと１８８７年製。鉄道博物館に大事に飾られていてもおかしくない希少価値のある車両が、ここでは現役で走っているんです。遊園地から抜け出してきたかのような緑色のかわいらしい車体も特徴です。

こうした古い鉄道は、もはや替えのパーツも作られていないし、技術を継承していくのも並大抵のことではありません。今でもメンテナンスを繰り返してこうして現役で走らせているわけですから、さすが鉄道大国ドイツだと感心しました。

海外篇

32/32

世界の鉄道マニア

私は、海外に行くと必ず現地の鉄道ファンと交流を持つことにしています。そうするうちに、各国の鉄道ファンの傾向がなんとなく見えてきた気がします。今回は、あくまで〝市川調べ〟という補足付きで、「世界の鉄道マニア事情」をご紹介したいと思います。

まずはイギリス。鉄道発祥の地だけに、鉄道趣味も盛んな国ですが、イギリスの鉄道マニアには２パターンの人物像があります。まずひとつは、品のいい紳士。ベタなイメージとしては、アフタヌーンティーと共に鉄道について語り合い、鉄道を高貴な趣味として楽しんでいるようなおじさまたちです。彼らは鉄道の歴史にまつわる話が大好きで、廃線になった鉄道の動態保存に力を入れたり、鉄道博物館を大切にしています。

一方で、イギリスには「トレインスポッター」と呼ばれる人々もいます。彼らの必須アイテムはメモ帳。ホームの端に立ち、やって来る列車の車両番号をひたすらメモるという楽しみ方が主流です。バードウオッチングのように双眼鏡を駆使したり、ボイスレコーダーに向かってぼそぼそとしゃべっている人もいます。

彼らは皆一様に雨合羽を着て立っているので、「アノラック（雨合羽）」という蔑称《べっしょう》まであります。ちなみに、映画『トレインスポッティング』のタイトルの由来は、「薬物依存症患者の腕の血管が列車の路線図のように見える」ということと、「鉄道趣味＝無意味で退屈」と見なされているからです。

そもそもは、鉄道会社がこうしたデータを表に出さなかったため、熱心な社員たちが自主的にデータ化しだしたことが起源になっているそうです。私にはいまひとつピンとこない嗜《たしな》み方ですが、本数が多いけど列車が時刻表どおりに来ない国ならではの遊びともいえます。ロンドンでは、運と知識を頼りに一日で地下鉄の制覇を目指す「チューブチャレンジ」という有名な大会も開催されています。

お次はドイツ。こちらも鉄道大国で鉄道ファンが多いにもかかわらず、大学の鉄道サークルみたいなものはあまりなく、ネットや図書館で孤独に鉄道を楽しんでいる人が多いようです。仲間と楽しんでいるイギリス人に対して、孤高の人が多い印象です。

そんな彼らの必須アイテムはカメラ。私が出会ったドイツの鉄道マニアは写真の撮り方に厳しく、ルールを守っていました。車両を撮る角度は列車の正面の45°から60°が基本。それも逆光気味がいいとされており、日が高すぎる時間帯は好まれないそうです。一度、私が撮った写真をドイツの鉄道マニアに見せたら、車両にかかった桜の木を指して「この木は伐採したいね」と、事もなげに言っていたことが印象に残っています。

ドイツは世界最高峰の模型文化を誇る国でもあるので、当然、鉄道模型もハイクオリティです。ハンブルクにある「ミニチュア・ワンダーランド」という模型博物館では、HOゲージで世界各地の鉄道の名所などを再現しているんですが、行き交う人々も緻密に配置されていたり、歴史の変遷を模型で追ったりと、最高にカオスかつ至福な空間でした。いつかこれについてもじっくり語りたいです。

3つ目の国は、私の母国でもあり、かつて鉄道大国だったアメリカ。今では旅客鉄道こそ衰退したものの、そのスケールの大きさには特筆すべきものがあります。特に貨物列車はコンテナが巨大で編成も長く、頻繁に列車が行き交う地域では10分以上も列車を眺めていられるほどです。

しかし、旅客より貨物が幅を利かせている分、信号待ちをすると必ず旅客が負けてしまうんです。一度、デトロイトからシカゴまで車で3時間半の距離を列車に乗った際、貨物を通すために何度も止まった結果、9時間かかったことも。最近は、そういった遅れがないようにアムトラック（全米鉄道旅客公社）も力を入れ始めたようです。

こうした状況だけに、私が出会ったアメリカの鉄道マニアのほとんどは貨物好きです。ただし、「9・11」以降、彼らは肩身の狭い思いをしていると聞きました。なぜなら、荷物を扱う場所でカメラを持ってウロウロしていると、怪しまれて職質を受けたり、時には逮捕されることまであるから。

そもそも彼らは「ｆｏａｍｅｒ」と揶揄《やゆ》されてきた存在です。「鉄道に興奮して口から泡を吹いている人」という意味です。ひ、ひどい（笑）。しかし最近、彼ら自身が「ｆｏａｍｅｒ ａｎｄ ｐｒｏｕｄ（私は鉄道ファンであることを誇りに思う）」と口にするようになりました。自分たちに向けられた蔑称を積極的に利用することで、誇りを取り戻そうという、アメリカ人らしい動きです。かく言う私も、このメッセージがプリントされたTシャツを持っています。

ちなみに、ニューヨークなどの東海岸では鉄道が普通に機能しているし、サンフランシスコはケーブルカー発祥の地。ラスベガスとロサンゼルスを結ぶ高速鉄道の計画や、２０２０年にはハワイ初の鉄道路線が開通する予定があったりと、アメリカの鉄道の今後も楽しみです。

最後に、アジアの面白いファン文化もご紹介します。以前、仕事でインドネシアに行った際、インドネシア通勤鉄道（ＫＣＩ）のグッズをたくさん見かけて「なんでこんなにあるんだろう？」と不思議に思ったことがありました。

もともとジャカルタは、日本の中古車両が大量に輸出されていることで知られていました。しかし、かつては故障や事故も多く、列車がダイヤどおりに来ることなどまずありませんでした。

それが数年前、日本から派遣された技術者が現地の職員に保守点検のやり方や時間どおりに運行することの大切さを徹底的に指導したそうです。さらに、制服や制帽をきちんと着ることや道具を大事に扱うという精神論も教えた結果、職員の意識が変わり、仕事に誇りを持つようになりました。そして多くの人に鉄道を愛してもらうため、鉄道会社の主導でグッズやポスターを作るようになり、鉄道ファンが増えているそうです。

　こうしたファン文化は、好きな人がめいめいに楽しみながらコミュニティが形成されていくものだと思っていましたが、ジャカルタの鉄道ファンは上からの働きかけで生まれたんですね。制服をビシッと着てカッコよく指さし確認をする鉄道職員に憧れるジャカルタの若者たちは、世界のテツのなかでもかなり新世代といえる存在だと思います。

巻末コラム

特に愛する路線を語り尽くす

市川紗椰の偏愛路線

路線1

岳南《がくなん》電車

所在地　静岡県

走行区間　吉原駅〜岳南江尾駅

工場の密集地をくねくねと縫うように走ることから、鉄道好きのみならず工場萌えの方の間でも人気の路線。製紙工場が線路をまたいでいるため、スチームパンク感溢《あふ》れるパイプ群の真下をくぐるハイライト部分は、自分が工場の中に運ばれていくような気分に。工場夜景が味わえる「夜景電車」も幻想的で息を呑むほど美しい一方で、夜が苦手な私はやや眠くなってしまう。

バネでポイントを元に戻すスプリングポイントや、電子音ではなく実際に鈴を鳴らす電鈴《でんれい》式踏切など、鉄分濃いめな要素もあるなか、最近気になるのは非公認キャラクターのケロリーマン。各社が〝ゆるキャラ〟や着ぐるみに力を入れているなか、岳南はスーツを着た社員（？）にカエルのお面をかぶせただけ。高い〝変態性〟と妙なやる気（写真集まで出しています）に対し、「日本一ゆるくないキャラ」の称号を与えたい。

ちなみに、カエルの由来は古くから「青ガエル」として親しまれてきた車両、元京王３０００系。両運転台に改造されたこと以外は当時のままなので、井の頭線ユーザーには懐かしいはず（ドアの開閉音はＪＲの１０３系にそっくり）。あ、天気がいいと富士山も見られます。

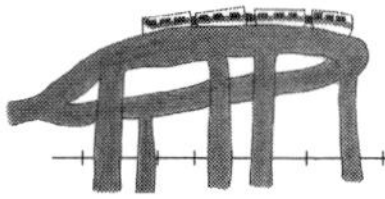

路線2

桃《とう》花《か》台《だい》新交通桃花台線（ピーチライナー）

所在地　愛知県
走行区間　小牧駅～桃花台東駅

１９９１年から２００６年までのわずか15年間で廃線になった新交通システム。全駅高架なのにエスカレーターやエレベーターがなく、当時最先端だったホームドアは、設置されたもののホームに冷房がなくて夏場はサウナ状態と、突っ込みどころが豊富でした。しかし、桃花台新交通１００系は唯一ラストランに乗ったことのある電車なので、個人的には思い入れが深いんです（大混雑のなか、駅の券売機が旧１０００円にしか対応していなかったのには焦った。新札が発行されてから２年ほどたっていましたが……）。

ドアが片側にしかない車両は国内では珍しく、営業運転用の運転台も車体の片側にしかなかったため、折り返しはループ線を使ってＵターンしていたのも特徴。廃線から14年たった今、高さが40ｍ近くあるだろうループをはじめ、高架橋の多くがまだ巨大廃墟として残っています。

廃線から約８年の２０１４年春、やっと様子を見に行くことができました。「桃花台線　小《こ》牧《まき》原《はら》駅」という看板を堂々と掲げた駅や、桃花台東駅に残っていた始終電の案内表などが生々しく、ホームに電車が来ないのが信じられないほどの〝タイムカプセル状態〟でした。構内を覗くと、なぜか爪を折った部分にセロハンテープが貼ってあるビデオテープが落ちているのを発見。平成に生まれ、平成で消えたはずのピーチライナーで見つけた〝昭和のアイテム〟に困惑しながら、小牧を後にしました。

路線3

ラスベガスモノレール

所在地　アメリカ　走行区間　MGMグランド駅～SAHARA駅

アメリカ・ラスベガスのストリップ通りの裏路地に、ひっそりとたたずむ6.3kmの路線。存在感の薄さを自負しているのか、車内アナウンスのアピールが激しい。「このモノレールは無人運転だよ！　それってデビッド・カッパーフィールド顔負けのマジック！」「街の上をスイスイ飛ぶモノレール！　まるでシルク・ドゥ・ソレイユ！」と、大物コンテンツをライバル視した後に、「モノレール移動だとお酒が飲めるよ！　ドンドン遊んじゃえ！」と無責任に飲酒をすすめてくる始末。健気《けなげ》なまでに必死でしたが、「僕のことをSNSにあげてね！」というお願いはシカト。

路線4

京津線《けいしん》

所在地 京都府～滋賀県

走行区間 御陵駅～びわ湖浜大津駅

御陵《みささぎ》駅を出発するときは「地下鉄」、逢坂山《おうさかやま》の急勾配は「山岳列車」として走行し、びわ湖浜大津駅には日本最長の「路面電車」として到着。たった15分の旅でダイナミックに三変化する、もはや〝劇場〟のような路線です。さらに、「連結器が折れるんじゃないか」と心配になるほどの急カーブや、駅のベンチが傾くほどの上り坂（最大61‰《パーミル》！）、特例で認められる必要のある長さの路面電車（66ｍ）と、区間ごとに極端な要件が「これでもか」というほど。

これほどの特異な条件に対応している京阪８００系は、「スーパーマリオ」でスターを使用した状態のような無敵車両である。あまりにも高度な機器類を搭載《とうさい》していることから、１ｍあたりの値段は日本一高いとも。しかし、最先端技術満載の８００系の車内を見渡すと、交通安全のお札が貼ってあるのに目がいき、突然のアナログ感になんだかほっとさせられます。

路線5

リスボントラム

所在地 ポルトガル

走行区間 リスボン市内

低床のＬＲＴがヨーロッパを席巻するなか、ポルトガル・リスボンは古くて味わい豊かなトラムのパラダイス。７つの丘に囲まれる〝坂の街〟リスボンを走る、48㎞にもわたるトラムネットワークには、戦前に造られた車両が今もなお活躍中。特に一番人気の路線、28系統はあまりに激しいカーブと勾配が連続するため、最新の車両は対応できず、昔の技術のベテラン車両（Ｒｅｍｏｄｅｌａｄｏ）に頼って運行しています。

「オラオラオラオラ〜！」と１３５‰の最急勾配を一気に駆け上がった後、すぐさま鋭角にカーブしながら急な坂を下りる80歳を超えた車両。風格たっぷりの黄色い外装の上に、〝カッコいい〟と〝おっかない〟の狭間《はざま》をなぞるグラフィティを纏《まと》う、不良なおじいちゃん。ガタがきているのは否めないけど、ハイテクに圧勝する職人を連想し、両手を上げ、声を3オクターブあげて讃《たた》えたい。

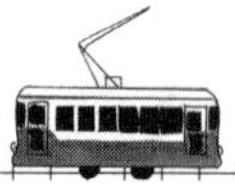

路線6

和田岬線

所在地 兵庫県

走行区間 兵庫駅〜和田岬駅

大都会の神戸市にあって、メジャーな兵庫駅が起点なのに、朝と夕方しか走っていない2.7㎞のミニ支線。そんな都会に息づくローカル線の終点、和田岬駅はＪＲのどこにも接続していない〝盲腸線〟でもあります。

本来はどこかと接続する計画が頓挫《とんざ》したとか、もともとは別の会社の路線だったとか、必ず訳ありな事情がある盲腸線。そんな、どことなくミステリーを内包している盲腸線が大好きです。和田岬線が盲腸線である理由は調べたらすぐわかるけど、あえて調べません（和田岬駅の前に神戸市営

地下鉄の駅を発見し、「なんちゃって盲腸線」である事実も知らないフリをすることにしました）。

成り立ちはともかく、和田岬線の車両はミステリーです。路線が電化されて以降は、１０３系のスカイブルー色を採用。ただでさえ絶滅寸前の１０３系ですが、和田岬線にはなぜか原形に近い状態の車両が存続しています。「がらがらがらプシュ！」ではなく、「ぷしゅ！　がらがらがら」と響くドアや、窓が残っている妻側。まるで走る一斗缶のような〝鉄感〟溢れる無骨なボディなど、昭和の鉄道遺産の発見に、暴れたくなるような興奮が体を走ります。

ほかにも、前面ワイパーが3本あったり、窓押さえが金属ではなく黒いゴムだったり、「なぜ!?」が多い和田岬線。でも、その答えはできるだけ知りたくない。

路線7

富山地方鉄道

所在地　富山県

走行区間　本線　電鉄富山駅～宇奈月温泉駅
立山線　寺田駅～立山駅

富山は日本有数の鉄道王国。北陸新幹線に加え、風光明媚《ふうこうめいび》なローカル線や都会的な路面電車、観光トロッコまであります。そんななか、どうしても贔屓《ひいき》してしまうのは、「地鉄」こと富山地方鉄道。カラフルな電車と木造駅舎の多さから、非テツの友人をおびき出しやすいこともあり、一時期は地鉄と鰤《ぶり》の旅を満喫するのが冬の定番でした。

１９３６年の、開業当時の姿のままの下段《しただん》駅や、大正ロマン香る岩峅寺《いわくらじ》駅はもちろん、ちょっとした小さな駅舎も時間の重みを感じさせます。ほとんどの駅舎が古くて趣きがあるのに、〝レトロ〟なんて推してないところが素敵。

地鉄は黒部峡谷《きょうこく》や宇奈月《うなづき》温泉などへのアクセスルートとして欠かせない上、東西の私鉄の車両がセカンドライフを送っていることも愛すべきポイント。京阪、西武、東急などの車両が地鉄の駅に集まっている、いわばここは〝走る鉄道博物館〟です。

西武の初代レッドアローの隣に京阪テレビカーという、東西の看板特急たちのありえない並び。鮮やかな車両たちに囲まれて、銀のステンレス車体が異様に見える元東急８５９０系。ヨーロッパの駅のような三角屋根の電鉄富山駅。いったい自分がどこにいるのかわからなくなる。

なかでも、私にとって一番の車両は地鉄のオリジナル、１４７６０形。心臓にドスンと響く爆音と、重い片開きのドア。優秀な加速性能に、洗練された外装。車体に反射して照り輝く雪は、いつもガラス玉のようにキラキラしていて、寒さが苦手な私に冬の喜びを与えてくれます。やっぱり鉄道ってすごい。

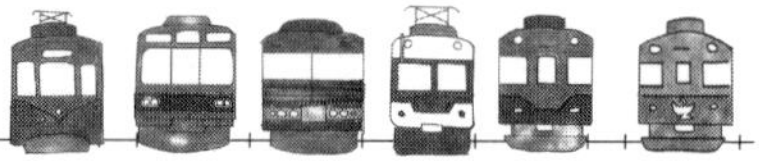

路線8

都営浅草線

所在地　東京都

走行区間　西馬込駅～押上駅

中央線への思い出補正を除くと、都内で一番好きな路線（暫定）。

都営以外にも京急、京成、北総、千葉ニュータウン鉄道、芝山鉄道の計6社の車両が相互に乗り入れているため、ダイヤの調整を想像するだけで頭が痛くなりますが、結果として車両のバリエーションがとにかく豊富。チョッパ車とＶＶＶＦ採用車の聞き分けが楽しい京急１５００形、幸せを呼ぶ黄色い京急１０００形、工業的な無骨さが魅力の京成３７００形。どの会社のどの種別が来るのかわからないので、ちょっとした移動をスリリングにしてくれるお得な路線です。

ホームでの車両ウオッチングを始めると、あっという間に時間が過ぎてしまうこともしばしば。北総７２６０形が引退間近なときに、大門駅に約5時間とどまった記録を自慢したいものの、冷静に考えれば完全に不審者の行動。

都営自社の浅草線車両といえば、インバーター音の桁違いなうるささから「白い悪魔」と呼ばれる５３００形と、歌舞伎の隈取《くまど》りをイメージした顔が斬新な新型車両の５５００形。白い悪魔好きとしては、５５００形が静かすぎたら物足りないと懸念しましたが、停車寸前のブレーキの、あまりのうるささに妙に安心したのはよく覚えています。

特急・快特・エアポート快特の英語放送がすべて「Ｌｉｍｉｔｅｄ　Ｅｘｐｒｅｓｓｅｓ」とひとつにまとめられているため、最近は頼まれてもないのに外国人観光客への案内をすることにしています。

路線9

日高本線

所在地　北海道

走行区間　苫小牧駅～様似駅

日高本線は、日高地方の太平洋沿岸に沿って苫小牧《とまこまい》駅～様似《さまに》駅を結ぶ146・5㎞のローカル線。寝台特急北斗星が走っていた頃、スケジュールの合間を縫って19時03分上野発に乗り、終点札幌駅の2駅手前の苫小牧駅で降り、日高本線に乗るのが至福の休日の過ごし方でした。

11時20分に苫小牧駅の階段を降りると、1番線の長いホームを持て余すように止まっている一両のキハ40形が。道内でよく見られる萌黄《もえぎ》色ではなく、日高本線専用の白地にブルーのカラーリングには特別感があって、毎度初めて乗るかのような気持ちにさせてくれます。乗り込んだら、海側のシートを確保して、思いっきり窓を開けます。

日高地方を全国的に有名にしたのは、競走馬のサラブレッドたちでしょうね。全国の約8割のサラブレッドがこの地で誕生したといわれており、競馬の知識がほぼ皆無の私でさえ知っているオグリキャップをはじめ、名馬がここで生まれてきました。そのためか、列車のジョイント音のリズムが、駆け足の馬のタタン、タタンに聞こえてきます。ガタン、ゴトン、タタン、タタン。車窓に映るサラブレッドたちを眺めながら、列車は南へギャロップし続けます。

厚賀《あつが》駅を出て人家を離れたら、日高本線の見せ場がやってきます。左から山が迫り、列車は水し

ぶきがかかるほど海岸沿いに押し出されます。護岸壁もなく、堤防の上を走る列車を見ると、「よくこんなところに鉄道を通したな」と目を丸くしてしまいます。左手には断崖、右車窓は太平洋の大海原に埋め尽くされ、どんなに下をのぞいても、海、海、海。世界の果てにたどり着いたのかも、と感じるほどです。長年浴び続けた波のしぶきで変色してしまった窓の先に、この列車に乗っている人しか許されない情景が。のんびりとした時間が流れながらも気迫があり、豪快です。

　日高本線は２０１５年の高波の被害により一部区間の運休を余儀なくされました。翌年に台風が連続してやってきた影響などで被害が拡大。ＪＲと地元の資金協力の議論がまとまらないまま、現在も苫小牧駅〜鵡川《むかわ》駅間のみで運行し、鵡川駅〜様似駅の間は事実上の廃止状態です。費用負担の現実を前に、地元民でない者が口を出すのは軽率とわかりながらも、二度と乗れないと思うと喪失感は否めません。大胆だけど、暖かくて優しい日高本線。この路線にしかない力強さと生命力を、再び感じることができる日が訪れますように。

市川紗椰
ICHIKAWA SAYA

1987年2月14日生まれ。
父はアメリカ人、母は日本人。4歳から14歳までアメリカで育つ。
現在、モデルとして活躍するほか、ラジオ、テレビなどに多数出演。
鉄道以外にも、食べ歩き、地形、アニメ、相撲、美術、音楽など、
さまざまな分野のカルチャーをマイペースに楽しむ。

撮影／東 京祐
スタイリング／西野メンコ
ヘア＆メイク／吉川陽子

イラスト／市川紗椰

ブックデザイナー／平崎絵理

撮影協力／名古屋鉄道株式会社

編集／西中賢治　和田哲也

鉄道について話した。

2020年3月10日　第1刷発行
2020年3月31日　第2刷発行

発行人　安藤拓朗
発行所　株式会社 集英社
〒101-8050 東京都千代田区一ツ橋 2-5-10
電話　編集部 03-3230-6371
　　　販売部 03-3230-6393（書店専用）
　　　読者係 03-3230-6080
印刷所　凸版印刷株式会社
製本所　株式会社ブックアート

ISBN978-4-08-780896-4　C0095